文學叢刊

瞿秀蘭著

心痕履影

文史哲出版社印行

國家圖書館出版品預行編目資料

心痕履影 / 瞿秀蘭著. -- 初版.-- 臺北市：文史哲, 民 98.03

頁： 公分. --（文學叢刊；216）

ISBN 978-957-549-838-2 (平裝)

855 98002842

文 學 叢 刊 216

心 痕 履 影

著 者：瞿 秀 蘭

出 版 者：文 史 哲 出 版 社

http://www.lapen.com.tw

e-mail：lapen@ms74.hinet.net

記證字號：行政院新聞局版臺業字五三三七號

發 行 人：彭 正 雄

發 行 所：文 史 哲 出 版 社

印 刷 者：文 史 哲 出 版 社

臺北市羅斯福路一段七十二巷四號

郵政劃撥帳號：一六一八〇一七五

電話886-2-23511028・傳真886-2-23965656

實價新臺幣三二〇元

中華民國九十八年（2009）三月初版

ISBN 978-957-549-838-2 08216

自序

二個多月的日夜埋首，女兒憂心的說，媽媽是以生命在寫生命，我無言。面對案頭手稿盈尺，我微笑。七十多天的日子，完成了數萬多字；這並非事前規劃；我是來此渡假的，退休後渡假的首站，選擇到美國芝大陪伴女兒，同時也自覺需要休養；因此，這本書是意外的，但也不全然，可以說心中早有醞釀，書中多篇主題，都緣自平日思考，當「情與境會」，自然「所懷萬端」，可知素日蓄積，肺腑即爲泉源。

我想說的是：二個多月的湧泉，其源頭或自二年來、或自二十年來，乃至更久；我那裡只是抒寫一時的感觸，我在書寫生命長遠的「觸感」——我所觀照的、我所經歷的、我所體驗的、我所感悟的……，它們凝聚在我的筆下，成爲這本書的基本框架。

這七十多天，不在書桌的時候，即在芝大校園裡、在密西根湖邊散步、觀望、思考；或坐在湖邊，看煙霞在湖水中作畫，形成不可思議的色彩和變化，如驀見人生的不可思

議與生命的千姿百態，情脈悠悠、情懷盪盪……，此時，內心儲藏的一些東西便衝決而出了。

完全出乎意料，其衝決之勢，沛然無以擋之！

於是，我閱讀自己。我獨對蒼茫。我遙寄心香。我斗室面壁……。一腔真切，寫教育、寫宗教、寫情愛、寫時間之流逝、寫生命之幽秘……；執筆之時，非爲思考而思考，非爲文章而文章，似靈魂之釋放，就是寫、想寫、要寫、不得不寫；心中偶得觸發、偶有興會，甚至逼得我就坐在路邊揮筆不已。

就這般獨行、獨思、獨語著，化爲夜晚篇篇文字。

客居異鄉，案頭無一書一卷可資翻檢，就是握一枝筆，捧一顆心寫著。某些篇章乍讀似感沉重，惟我自知其中含蘊無限的溫柔；有些文字初睹似覺哀傷，我亦知其中涵藏無限的希望；我自視行文中展現的是「陰霾之上的藍天」般的生命；一篇一篇寫來，或幽思、或頌贊；或靜穆、或奔放；充溢的就是關切、關切與感懷、感懷；我即使清淚串串而落，內心仍續唱著生命的昂揚。

我之筆下洶湧若波濤，即因生命的氣息無時不在我眼中、心中升騰；無時不在絢麗、繽紛中盛放；無時不在混沌、黑暗中流轉；無始無終、無終無始；在此刻、在心中、在筆下；生命是一首首永遠進行不已的樂章。

賦歸前夕，再次面壁寫序文，回顧這一段日夜伏案的歷程，創作的充實注滿胸中。

我要再說一遍：我之泉源，在我之肺腑、我之生命。

感謝女兒相伴，感謝密西根湖邊的清風夕照，感謝能讀此書，與我靈犀相契的生命。

當時光淘洗一切，這一刻必然留存——一壁、一燈、一筆，何等真實！

是的，確如吾女所言，我以生命寫生命。

我把三個月的時光留在這裡了，留住了生命中迴旋不盡的淒然、悵然、凜然與昂然，它們從我的心起伏到我的筆下。

這是一項自我完成。

揮筆留心魂，我心何快慰。

瞿秀蘭於二〇〇八年十一月二十八日　誌於美密西根湖畔

再序

這數萬多字，都是心有所動，一氣呵成。

它們，最大的特色就在真摯和真實。

本書乃真正爲生命紀錄。我思我在、我在我筆、我筆我證：

證此生之不負

證自我之交代

更證海內千芳百豔，同此懷抱；大千云云眾生，同此心魂。

生命是如此磅礡、澎湃；生命也是如此哀婉、淒切；有承當的壯麗，有渺茫的悵惘；投入，是一種燃燒；出離，又何嘗不然？奉獻，是一種慈悲；決絕又何嘗不是？生命之千迴百轉，深邃何以測知？

但願身在情在，心在願在；雨過、天晴；生命終始躍動著、開展著生生不盡的生命

氣息。

盛年不再，盛景猶在；風雨過後，花更清香；苦汁釀蜜，呈現生命的極致。

執筆看自己、思眾生，悲歡離合、得失成敗，都是一場生之戀，天長地久可盡，綿綿此心無絕。

我以退休之年，脆弱之軀，在異鄉湖畔，寫心曲萬章，爲飄忽的人生，留下「余心有寄」的履痕。

余心有寄，念念生命。

付梓之夕，不禁懷想生命歷程中獨秀於我、給我鼓勵和力量的生命貴人……。感謝一場場美麗的生命交會；感謝善的連結、善的循環，如此豐美我們的生命。

謹於此深深遙致一禮，敬向吾親吾友、敬向四方眾生。

心痕履影 目次

第二篇　獨對蒼茫

第三篇　遙寄心香

第四篇　斗室面壁

第五篇 芝城小品

第一篇　閱讀自己

南非好望角

閱讀自己

是紀實、是反省、是感懷、也是寄情；我，無數夜晚，面一片壁、一台電腦、一張書桌、一筆一紙……，打開自己，凝聚心神，正視它、解讀它——自我生命。這厚厚幾十年，我只能隨意翻檢、隨筆記述，言之無序卻流自胸臆；在人生轉折此刻，用誌心痕履影，或可稍慰平生。

一、薄暮時分，回首心路

在這湖畔漫步的日子，使我有時間、有機會重新做一個自我的檢視、清理；並回溯自我一路的成長。

這個「薄暮」時分，回首往事，歷程特別清晰；我驚訝自己的勇敢和誠實，曾經不敢回想的、不欲面對的，在這個時候，完全自我的記憶中鮮活起來。

這麼多年、這麼多年，可以用忙碌爲由，從不必認真的去研讀自我這本書，今天，終於打開了它；我沒有原先的顧慮與猶豫，我只是靜靜的坐在湖邊，望著一波一波溫柔的湖水，逝去的一年又一年彷彿緩緩再來；也許我的眼神尙有些許傷感，但我的心是無比的堅定：我要再次認識、體驗、尋索、理解我自己、我的生命、我的人生——如實的一切，它有什麼，它沒有什麼，它的美它的憾，或它的榮耀它的難堪，我都將一一正視，這是我工作三十年，退休之後的「再生之旅」。

我最該追問的是：爲什麼我無法平靜、快樂的生活？

爲什麼我總是淒淒惶惶、無以名之的不安？

人，認真工作、克盡天職、自我培養、力求成長，還有什麼愧對？生命有所侷限、人力有所不足，也是理解的事；何以仍心慌意亂、心慌意亂！

如果，我連自己的心情等問題，都無法處理，我如何是一個「自由」的生命？

我的生命究竟出了什麼問題？那些問題的根源何在？我必得先從現實中看自己的位置，再在這個所在看生命的現況，復思這個現況，又是從何而來？

這層層的回溯和追索，不能求助於群籍來解惑，不能在經典中找註腳，我當真參實

證自己的人生—回歸自我，回到自我的生命中來，用心深入的去閱讀自己這一本書，之前什麼內容、之後如何開展？

這麼長的歲月，我總是不斷的鼓舞著人，我寫過數十萬勵志性質的文章，但，我的心，常常卻是在沉沉的絕望中……。

究竟，我的絕望是什麼？我何以如此驚惶？

有一個很確切的答案是：記憶深深中，童年至今，許多事、許多事，我都是茫然不解的！

雖然，我了解一個人的出身，背景的不由選擇

雖然，我看到自己一路在掙扎、覺醒、前進、後退

雖然，跌倒、爬起；噓聲、掌聲，一路也是這麼清晰的交互而來

我也越來越勇敢，敢於要什麼，不要什麼；我也似乎終於站立了起來，並成爲一個「差強人意」的人，甚或有過漂亮的成績單！

但，我依然不能釋盡心中的惑，解盡心中的結——生命是如此無能爲力、無以掌握，即使過程中是如何的努力，似仍掙不開宿命的枷鎖！

在枷鎖中，能玩出多大的花樣呢？幕落時，生命改變了多少？生命受過的罪、吃過的苦，或擁有的歡樂、當下的滿足，只是一次又一次的生命活動罷了！它們勞我形、役我心，讓我一步步走向麻痺、走向冷漠……；走向更大的枉然與惘然……。

我有所察覺，也無力安頓自己；在我認真的尋索、努力的工作、熱切的生活，勉盡每一項天職後，一次又一次受到驚嚇：即使已克服了現實中一個又一個的關卡，在回頭面對自我生命時，我除了過往支撐我的所謂奮鬥的信念之外，我其實一無依傍！

二、我昂揚的生之意志與意義何在

如何面對生命中的「結」？那些是必然發生的嗎？我全然無由選擇或拒絕的權利、也無阻擋的能力嗎？的確，很多曾有的糾結，不是個人之力所能抉擇的，某些情境類似飄墜的櫻花，也許被人珍藏，也許受人踐踏，無論那一種情形，都形同命運的鎖鍊，生命體無以自解，勢必背負它們走完一生。

我的工作每天和不同的生命接觸，看到不同的生命群相，可說日日都在領受「生命

教育」，仍無助我提升飄墜時的自己！

今天，我終於有一種豁出一切的決心。決心完完全全的打開自己：看看裡面，究竟是些什麼？

竟然是、竟然是一片茫然！我茫然於一切！我所知的只是表象！只是斷章取義！只是斷簡殘篇！

我不是輕易落淚的人，但，此刻，真是想哭、想哭……。

我真真發現，我活了這麼些歲月，我經歷了這麼些事情；我的手已佈滿厚繭，我的臉上已有滄桑，但我找不到它們真正讓我心服的意義。

我可以說它們在歷練我，在增長我的智能……，使我超然，使我淡然；但，折騰與釋然、釋然與折騰，循環復循環；我仍似被命運擺弄的木偶……；當我被棄置一隅而稍得喘息時，我遂終於得知生命之一點真相而放聲了……。

真的是很久沒有哭了，這或許也是我的問題；不想、不哭，就若無其事嗎？

明天，我仍將繼續著未知、非我能主導的旅程；像個天真的兒童，期待風和日麗、信步郊野；像個孤獨的浪人，冷雨相伴、漫走天涯；兩端擺盪著我，如重複又重複的上車下車、重複又重複的化妝卸妝；並重複同樣的話語、同樣的聲音、同樣的步伐……。我的生命沒有新意、沒有新的風光；我雖有呼吸、溫度；有渴求、厭倦；但，我不知生命在那裡？

如果，一切都只是生又滅、只是聚又散、只是盛又衰；生命在那裡？是的，就在這些裡面；我就在這裡面消耗，在這裡面衰弱，然後，孤寂的自我面對，細數我人生無由自主的千迴百折嗎？

這是有生命的生活嗎？我的興味在那裡？我昂揚的生之意志、生之意義在那裡？沒有生命的呼吸、談話和走路……，如重複的機械運作……，我該怎麼辦？

我是否太多妄求了？還是，我感到生命之無止境而怯場了？我已缺乏力氣續攀高峰，我感到一切有限且徒然而氣餒了嗎？

三、生命的荒謬，竟常在生命大事中

有一個晚上，我執筆寫著：我是永遠擺脫不了自己的枷鎖的，那些成長過程中刻印在我身上心上的痕跡、以及我天賦中的一些特質、乃至在經歷世事人情的今天、疲於這

一切亟思脫離、復又無力安頓自我的事實……，這一切，是我、也是生命共同的鎖鍊、或是天命——這，就是人的一切，該發生的、該承受的……，以不同形式面貌和不同內容情節，在各個生命中搬演；我亦造化之子，惟造化不會獨鍾我予我豁免；也不致獨懲我予我苛虐；造化或也無辜，豈顧得到大千世界無窮無極的生命？

生命是各自在大化中，各自求生存之道，各自找生命出口，以最清楚的話來說，各自找其自視快樂、幸福的人生；但，一切是如許飄忽：片刻的歡樂、片刻的榮寵、片刻的一切……，捉弄著不覺不察、或已覺察卻無力面對的生命；造化竟以一時的蜜糖誘使飽受生存驚恐的生命，暫獲片刻的慰安，渾忘生命依然如陌上之塵、如漏網之魚……，倖全一偶，豈得休憩安全之所？

生命界何有穩若磐石之一切？

重點或在生命體本身即無足夠的體認和力量，接受浮沉變遷的事實：妄求一個肩膀、一個懷抱、一個位置、一個美麗的家園，就能「安身立命」？

一切，仍是妄求。不能清醒，播弄即永無休止。我們都以爲已有這樣的能耐和權利，擁有嚮往的一切，但，一切卻無實體，又充滿幻象和陷阱。以致，最終的茫然和最初的茫然一樣濃濃密密的繞在四周。

所有的追求，是一場「自我愚弄」，豈關造化？我們努力發揮自己，以為創造了生命的驚奇，結果呢？是否只在被役使——被迷霧般的外境、混沌的內境所役使？是否發現生命中一連串的誤失、一連串的荒謬，竟常在「生命大事」中！

四、純然只是一點良心

我這麼熱切的談教育，也從事教育工作三十餘年，可說畢生心力於此、畢生志業於此；這是我自覺最不負此生的一點，也是我最感恩、最安慰的一點，可謂此生最大的福報。

但我絕不會仗恃三十多年的經驗而有所自視；我已大致不記得二十個學分的內容了，但，初衷猶在！我只是一顆心，用更真實的字眼，是良心，我以我的良心，在我的工作中體證到生命的基本價值和意義——有所付出是這等美好。這，使我衷心謝天。

我的良心，促使我不斷回歸以人、以生命的角度去看眼前令人憐惜、令人愛護的生命。我豈敢說自己是「以己之心，度人之心；以己之苦，度人之苦」，但，實實在在是「以

自己生命之歷程，而關愛眼前眾生之生命歷程」，我不必愧色的說：一點良心，就是我站在講台三十多年唯一的源頭。

無求無待於回饋，是這般坦然、快樂；付出即是美滿，念念祝福學生，是何等瑩澈、灑落！

我更從未以學生的試卷分數作爲我的教學成就，只牽掛孩子們有多少成長；褒貶是一時，影響力更真實和深遠！

我有一個以自身生命體驗所建構的教育世界——我愛這些孩子，傾我心力去灌溉；若得師生性靈相照，即是教育的圓滿，捨此無他。

我只需知道：我可以送出溫暖、給出希望，我就安心了。

在講求「分數」的教育現實裡，存活了三十多年而未被否定，我堪稱「異數」，這不是標榜自己，那早已不是我的心境；我寫此段，只想真誠的敞開——教育心只是一個單純的良知。

願給有靈性、有理想的後繼教師一些參考。

良知爲後盾、勇敢做自己、不斷求成長。教育天地，爲師之路，純然不過如此！純然只是如此！

五、切切以一束微光去照亮孩子們的心

我越發現我能給學生的有限，我就越不願去厲聲責備他們，我越發現生命的諸多現象（不敢說真相，生命變數太大太詭譎），我就越不願談太高遠的教育理想和教育成就。

但問眼前，每一個今天，能爲學生做些什麼？

二十年前的我，因爲寫了二本和教育相關的書，使我有機會應邀到各處或各校去演講；當時，我真是一個純粹的夢想家啊！

在各校的研習會上，很多老師或自願或被迫（當時研習有積分，有什麼好處不復記得）來聽講，我掏心剖肺：怎麼做啊怎麼做啊……，以爲自己有能耐在教育園中播下種子或滋潤心靈……。

豈知人的突破，必待人有自求、自證之心，進而自覺、自悟；被「喚醒」只有剎那，環境的氛圍、自我的習氣，始終籠罩著我們，乍醒之後，隨即再度沉睡，被召喚的片刻，不敵長時長日積壓在吾人靈魂中的塵埃。

再說，我又有什麼了不起的成就，可以站在人前這樣展示自己呢？我只是一個條件平凡、成就乏善可陳的老師，除了前文一顆真切的良知，我還有什麼呢？但，我自知上台的自信，不在我寫了什麼文章、不在我的教學成效如何？不在我外顯的所謂才華等等；偌大會場，究能有幾人看到我的內在生命呢？那靈府深處的確有一束幢幢搖曳、但仍猶自亮著的微光。

那一束微光——渴望著生命的舒展、綻放，是我唯一的憑恃。我切切以這一束微光去照亮孩子們的心。

那是一點微光，不易被昏沉的生命所察覺。

我於是不再露面。安於自己的教室，自足於學生給我的一個靦腆又期待的微笑，自足於與孩子們「童心換童心」，享受一個沉默的老師，傾以巨大、深沉又豐沛的能量於沉默的自持中……。

當我厭倦了形式與其帶來的空虛，我盡力遠離一切的繁瑣與矯情，選擇簡單、平淡與靜默中的堅持；它們開啓了我的生命的另一洞天。

我也許時有孤寂，但不再出售自己的時間或出售自己的熱情。

我領悟：外在的追求或掌聲，無助生命自體真實而徹底的「活在今天」，或謂「活出今天的意義」。

孤寂，不是失落，它是抉擇。在這一刻，我才確知自己是有「擔當」的；之前那個鎮日以文、以言呼籲的日子，那裡是承擔啊！

六、一切都是自然——自然賦予、自然變化

今天，我想問自己這個問題：如果說，我們的天賦是造化給的、或命運給的，那麼，這個天賦是造化命運加諸的鎖鍊，還是賦予的能量？我們會因此天賦而受苦，還是得蒙幸福？

這顯然是個既清楚又茫然的問題。

清楚在於：一個人的成就往往由天賦開始，一路挖掘它、磨礪它、完成它；天賦與生命同時登峰造極；但，生命許多無法擺脫的苦痛竟來自於自我之天性的事實，也常令人茫然。

這只是粗淺的二分，生命因天賦而有二端之變化。往那一個方向去，是否就決定了

人生的內容？

是的，看似如此。只是，這過程充滿了反覆的衝突與掙扎；有時，我們意志昂揚，似乎可以凝聚一生之力以超越自我——但不消多時，我們又似浮泛的泡沫般，虛弱無力的飄零在命運的茫茫中……。

究竟我們能如何？若比十分爲圓滿，我們能否決定自己這一生有幾分？

我立刻覺得這樣的比喻太簡略，因爲，生命內容的變化和選擇，是不能例化、類化或作結的；雖然自古以來，歷史的演進、人類的故事，將生命分爲上智者、下愚者；或先知先覺、後知後覺、不知不覺；或籠統爲精神或物質之不同傾向者；以受於造化之天賦作爲其生命姿態之依據，這其實是不牢靠、不確定的。

因此，沒有確鑿與令人完全信服的答案。是正是負，看似必然，不盡必然；看似偶然，未盡偶然；天賦亦有消長，外境亦有變遷；可貴的是，當心智澄明，對自我生命時有體察時，對人生種種的變化不再只是恐懼、不再只是「待宰」「待決」，尤有豪傑之士，即使眼前無路可走，亦自有「此心光明，夫復何求」之自信與氣概！

因此，不論天賦爲何，人，充滿無限之可能。雖然，人，一程一程走來，似乎逃不出定數、改不了格局；「命限」也觸目皆是；但，我們平心觀照自身的、他人的歷程，深覺「變化」即爲人力昭然之證，無需論辨。

但此「變化」不能只落入成敗、得失的憑據或考量中。「變化」只在呈現：人，之所以首出萬物，在其性靈之成長，以清明之性靈，看世事盛衰消長，即可安之若素了；也在此無常中，歷歷見自身之盛衰消長，不再掙扎、不再吶喊；就是這樣了，一切都是自然—自然賦予、自然變化；我之一生就是這樣了！我所能做的，也就是這樣了，我且接受並欣賞這一部份吧！其餘的，不論它佔多少份量，即使是十分之七、八，我也不再想了，因爲，我沒有能力找到確切的答案。

我的天賦使我陷溺，我的天賦也使我昂揚；無奈和滿足也都在此；在這個過程中，生命是絕對美麗的、有意義的；無關成敗得失，這完全是命運或造化等等都拿不走的美麗與意義。

七、以理解之心，接受彼此的差異吧

有時候，我的確會在半夜醒來，驀的被一層密密實實的網攫住——我在靜謐的夜裡，

夢到一些似乎已遺忘的人、或正在身邊的人，彼此糾結所造成的焦慮壓力，或重複著一些生命困境中的掙扎，每個生命都極力想擺脫那些恩怨是非的桎梏，渴求著生命的自在自得，渴求著不再恐懼不安……。

我發現人與人之間不窮的問題，大致緣自彼此的不了解，不了解而致猜疑、誤解、冷漠，而形成一道道藩籬；不了解的主因則大半是被自己的成見、主觀和固執所阻擋；即使親如家人亦然。這是很令人神傷又洩氣的事實。

爲什麼有相識的緣份，不能導入善的因緣，形成善的循環？爲什麼一個團體、一個家族或一室之內的關係，會彼此怨怒、嫌隙，乃至彼此疏離、甚至仇視相向？心門緊閉之下，對方再多的優點也視若不見，只一意想擊倒對方，這一股怒氣爲何可以這麼深、這麼久？把美好的生命用在糾結的怨怒中，這真是何等冰冷又令人絕望的困境！且竟來自很多關係不淺甚或親密的人。

當親密的只是俗世的關係，而非心靈時，這豈不真可令人半夜醒來，思之搥胸！

人生最慘最烈最令人無語對天的傷害，竟會來自家人、手足、來自最親近的朋友？來自最不設防、最無顧忌的關係，如何躲得開？如何能雲淡風輕、全身而退？

人與人之間的嫉妒、狹隘、沒有安全感、沒有自信心、不能成人之美，不能與人爲善，所投射出來的扭曲、偏差，日日伺伏而出，這是多麼可怕的因緣！

多麼期待人之相遇相聚，能彼此學習、彼此成長；若未加珍惜，一念偏差，致成惡夢連連，這是被可怖的命運擺弄、還是被我們的無知愚弄呢？

但，人心不願打開，人不能自反，人「柔」不下來，恐怕真是避免不了因之的「飲恨」或「抱憾」了。

我們就束手無策，讓它形成夜裡的惡夢嗎？我們知其無可奈何而安之若素嗎？

或許解脫云云終無濟，命運總是一關一關的交織，一個問題或帶來千萬個問題，或可從源頭處開解放下吧！

源頭就是一顆悲心，悲心亦寬諒哀憫之源，悲心乍起，激湧而爲滾滾熱淚，或能滌盡心塵、解開心結，除去心魔，並溫柔的滋潤生命的傷口。

繼之以理解之心，接受彼此的差異、尊重各自的特殊；淚水中的慈悲，看到人我生命中不同的侷限而善解、而同情……，庶乎可自惡夢中醒來，因爲，一切生命都在此大網之中啊！

八、我的心和我的腳一樣踉蹌

在我處理自己的疑惑、自己的困擾、自己的情緒時，我所讀的書，擁有的知識，對我幫助有多大？我知所忍耐、懂得節制……，這些對我有多少幫助？在面臨事情或考驗的關頭時，是非善惡的思辨能替我把關、阻擋可能的錯誤而不再失悔嗎？

我要清清楚楚的以自己的狀況來看自己的問題，我不再推給現實，歸諸命運，我的思慮云為的根源是什麼？

我已確知：人之問題，本質仍在於人；當我們無力於自己遭遇的問題，我們其實也無力去助人解決一切問題。

我所有的力量，只來自「內審諸己」——來自我能否平平實實、坦坦白白的看自己的一思一言一行。也終於看清：所謂「生命的美麗與哀愁」就源自個人性靈中的「美麗與哀愁」。

我注定要經過這樣的波折，才能走過這片泥沼地，去尋找青青草地，即使當我終於到達那片青草地時，或已精疲力盡，無力徜徉其中、無力舞動我殘餘的活力了。

眼前，造化就是這樣毫無商量的，把我推向這漾的旅程；我故作鎮靜、甚且優雅的處理著各式的問題；而真正的狀況是：我的心和我的腳一樣的踉蹌！

我遂知：所謂能幹、優秀、傑出云云，所有美好名詞都不缺的人，也未必能有洞察自身問題和圓滿解決的能力；未出大錯，多爲僥倖！即使四十、五十而無過，不能放心六十、七十而無錯。人，一息之存，都在不斷面對自身生命產生的問題，即使只是一個小小的情緒，不能善加對待，都有可能形成死結；若人之意念隨境遇起舞，更不知當衍生多少問題！

活著，問題無一日稍歇；身份、地位、名望、學養都可能束手無策；尤其，當生命陷落於昏沉與陰暗中時，是什麼也救濟不了的；自己纏自己、自己傷自己，是生命體任性至極的開自己的大玩笑。

這其實是徹底的無明——徒有知識而無智慧的悲哀。

陷在自己所造的繭中，是什麼也幫助不了的，這是最明顯又普遍的存在困境。

沉淪，也是人性，當這個頑強的人性肆無忌憚時，無以想像它的慘烈啊！

九、我不能讓我的心凋殘啊

我陷入一種無以自解的情境！

我不知該拿自己怎麼辦了！

一個扶助了無數生命的教師，在此時此刻，躑躅海邊的此時此刻，竟癱瘓到無以舉步！

因爲，我徹徹底底的否定了之前一切「奮鬥」的價值！

因爲，我已完完全全不想之前曾有的熱情、投入……，之前的種種探索、追尋……。不盡是疲憊、不盡是一片空幻，執著之荒謬在撕碎我的心……。我竟虛耗那麼長、那麼長的歲月於一幕幕的夢境……，我被自我愚弄著、被傖俗所愚弄，竟至折磨到今日之荒蕪疲困……。

我在無謂的、沒有意義的一些執取上虛擲太多的歲月、太多的生命了！

我想放聲大哭，以淚水徹徹底底清洗自己；但是，更可怕的是，我似已沒有淚水了，我只能定定的望著一波又一波的海水，感到自己沉沉的、陷落了，我陷得太深、太久，我已找不到階梯可以攀升！我的生命在我的勇敢，也在我的軟弱中連番失落了；我的勇敢極端可笑，我的軟弱極端不堪，我整個失落自我了，虛幻的執著，徹底剝奪了我的力氣，我的性靈不得安歇，它們，是真正萎頓至極了！

我就是這樣的心情、心境，在退休後，在海邊從六月到八月。

不是因爲退休的因素，這是我非常確定的，只是在這個「點」上，所有積壓的、塵封的、潛藏的、……，在這個時間一起翻湧、噴礴而出；我再也不閃躲、不抑制，我要徹徹底底弄清楚，我的人生是怎麼了？

爲何我如此疲憊又衰弱？我不能讓我的心一併凋殘啊！

我沒有真正的力量「安頓心靈」，我只是看來活得精彩有力；我無力療治自己心靈的「破洞」，我只是一味想塡補它或掩飾它；我不斷想以外在的「成就」來安撫自己內在的虛空；我浪費了太多寶貴的時間，去追索已變質已扭曲的東西，我任令它們戕害我的心靈，我沒有珍惜自己，我其實也在自我摧殘！我強迫自己做不適合自己做的事……！

我因太多妄想而痛苦、太求完美而痛苦！

整整三個月，我坐在淡水漁人碼頭聽濤聲，聽一起一落的濤聲……。

十、在湖邊，對自己作最輕柔的呼喚

我一個人走著，壓抑著心中的起伏，不讓那個酸楚湧到眼中來；我知道自己的內心世界有一部份是塌了、是垮了、是撐不住了。

我在海邊頻頻自問：

爲什麼這麼多年，結婚、養兒育女、讀書、工作……，經歷了那麼多事情，我竟沒有能力撐住自己——有一個自我的、堅實的生命理念，讓我在俯仰之間沉穩自在、讓我在變遷之中超然自適？難道我之前的體會不真切、之前的功夫不踏實？

難道我真的是空洞無實有？難道爲母爲師一切滴滴心血都是一場枉然！

我還不夠堅強嗎？自助自救、自立自強不是一直是我的信念嗎？

我不是曾自我挑戰，以病弱之軀，以近月時間走南北疆，歷經酷熱嚴寒，置身在四千八百公尺的帕米爾高原密密雪花中？

我培養了二個懂事又貼心的孩子、無數的學生！

我獲選過高中國文科優良教師、各式論文獎項……。

我寫過幾本書……。

爲什麼我竟在此時此際，如此不知所措？

我必須面對現實，我當想辦法重新再整理、安頓自己。

九月中旬，我來到美國芝加哥大學探望女兒，住在密西根湖邊；內心思索著——明天的力量；此時，我已絲毫無向外求援的念頭，我知道，生命的問題當由生命體本身的覺醒和力量來處理；我開始，不，重新再回頭——尋找自我的可能，尋找活著的感覺，不是要成功、喝采；不再爲別人，只純然爲自己——活出新的自我意義、自我完成……；我要再度熱熱烈烈、但卻清清楚楚、爲自己活一次。

不同於暑期在台灣淡水海邊心情的激越，密西根湖邊漫步的我心情平靜下來。但我思慮著的是同樣的主題，因爲，我的生命正走在一個關鍵—生命的轉變、所有方向的轉變，在這段時間一起湧來。

我必須面對現實，在九月猶暖的微風中，在湖邊，也對自己作最輕柔的呼喚；自然的景致、湖水在天光中瞬間變化的顏色、嬉水的野鴨、悠然划水的鴛鴦、自在飛翔的鷗鳥……，每天、每天，都在向我遞送著訊息……。

十一、「自憐」！我的小小的傲岸

啊，今天，我又開始「自憐」了，我哀哀叫著：女兒，女兒，媽媽又顧影自憐了……。

女兒完全能理解，她去國十年，飽經奮鬥之苦；仍靈性可掬，慧心一點即透，又見我日夜伏案，知我在力圖掙扎、衝開內心之網……。

她笑看我哀哀地叫。

有時，她書也讀累了，論文也寫累了，就故意學媽媽，也哀哀個不止「我又顧影自憐了，媽媽，看看我要怎麼辦？」

我們就一起又哀又叫又笑又鬧……。

是的，她懂。我不是怨天尤人、自怨自艾；我不是傷春悲秋、無病呻吟；我當然不是爲賦新詞、尋愁覓恨……。

她懂。她知道才情也是枷鎖、性靈亦是；回不去人間功利，亦無法忍受較量；懸在空中，既無以超脫，又不願退轉，在上下不得中何等心酸心驚！

女兒啊女兒，媽媽白白經歷人生了，白白讀了幾本書，媽媽安頓不下自己，媽媽看什麼都不深切……。我的生命在渙散、在浮沉；我無法凝聚自己，我無以自持！我怎能如此「孤高」，竟自以爲才情特出，有一個特出的稟賦，有一個特出的靈魂……，我把自己隔絕了，自絕於人群，以致我處處失所了！孩子：我落在一片茫茫中了，我甚至完全不知我在努力什麼……？

我何以這樣日日夜夜地伏案？看似理性、看似從容，看似毅力地藉寫作來檢視自己、整理自己、清理自己？

我何以自憐？爲生命中失去的、消失的一切而自憐嗎？

不，最大的恐懼與絕望是——我這般用心的想、用心的寫是爲什麼？

我想要追回什麼嗎？不

我想要證明什麼嗎？不

我只是要更清楚「活著」的感覺，不只是時間的逝去，不只是心跳；我要感受猶有熱血熱淚，猶是如此天真、天真的記錄這些，告訴自己生命的美麗，告訴自己未被我不能盡知盡解的命運所摧毀，我還是有自主之力，還是終究活出來了，活出我獨特的美麗、獨特的意義；對得起一路的成長，那是以無可告人的苦痛終至換來的成長，那是以生命

的代價換得的「生命」……；我終於可以用我的筆，去面對它們、去剖開它們、去正視它們；在汙泥充斥的甬道中走出來了，在惡夢中走出來了；一絲天光對我招手，我可以又像一個孩子一般，向青青草原處跑去了……。

獨自跑去的背影，依然美麗，我終有快慰了！因此，我又自憐、我又顧影自憐了！我的性靈又在作祟了！女兒懂。還有誰懂？

自憐非求人憐。

我以爲在歲月中已喪失一切，真慶幸尚留一絲傲岸在！我的小小的傲岸！我的不屈的靈魂！我的自憐！

十二、一點靈光，我之生命必再騰焰

我總算知道，我不是一直往後退，被歲月逼著、被體貌逼著、被筋力逼著、被不經意地苟且逼著……，退、退、退，退到我裡裡外外不再是「我」……，懦弱又瑣碎、日漸僵滯的氣息，嚇人的浮泛……，難道我只能在侷促的一角，反芻這樣的氣味而陷入絕望的深淵！

不！我終於確定自己是向前一步的！我未被逼至絕處，未被逼至那個已沒有生氣、沒有活力的角落；我找回了我的筆、我找回了我的心、我找回了我自己。

我已不再只求工作努力得人尊敬、已不再只期應對有節贏人讚賞、更不再憑著一團火熱熱的衝勁獲得注目，雖然這一切，仍有我不否定的價値。

但，我切切要確定的是——當我不在意這一切時，是否更能安然自在做自己、悠然自得過生活？

更想確定——我是否在「一無所有」時，能不爲一片冷清所吞沒，更能欣然於這一刻又一刻的寧靜、享受它們的真實？

當我握起筆，一篇又一篇地寫，我仍然會對自己喊口號、仍然會呼告、鼓舞、一如往常——由衷讚頌生命！是的，只要我在寫，從我胸臆、到我筆尖，從我心、我口到我手，總有生命汩汩而出……。這個特徵在、這個動力在，我就不再懼怕了，不再心驚於生命的倒退！

我不能只是老去，我要知道我在繼續成長！我那無形中伸向宇宙大地的觸角，不斷帶回生命的氣息，滋養我內心的生命之樹，讓它青青如是——春去春回、重生再重生。

我的生命力啊，就在連番相逼之後，在我逐漸枯槁的身心中，竟然又抽芽滋長，一絲絲小小的綠意，將自我的筆下蔓生……。

蔓生、蔓生……，不久之後，我的心田又是一片郁郁青青了。

什麼是我絕後復甦之機？就是那一點讓我備受煎熬卻又救拔我於黑暗中之靈光啊！

一點靈光，我之生命必再騰焰！

十三、生命是奇蹟，須自我見證

我的心魂，終於在這個寧靜的湖邊，在午後的黃昏之際，輕輕的、緩緩的……，逐漸恢復跳動、躍動……。

我終於在藍天綠地、以及微風濤聲的擁抱中，釋放了自己！

我終於可以微笑的看自己：一路之顛簸、一路之惶急、一路之肩擔、一路之承當！

我看到三十年披星戴月，奔波於工作與家務之間的我！

我看到晨曦未出，趕著上山去尋找力量的我，那拂曉滿佈露水的石階上，有我一步一步蓄積的獨立！

我看到在現實與理想中擺盪的我，時而壯懷激烈、時而意冷心灰！

我看到了困苦給我的啓蒙、奮鬥中的壯麗！

我也看到了虛幻的追求、枉然的熱情；看到浪費的時間、空洞的蹉跎！

我要閱讀自己，客觀超然的、誠摯坦白的，閱讀自我生命的這本書，仔仔細細看完每一頁、每一行……。

我見證自己、天地見證我！

此時，湖水波光明豔，遠處一片藍紫交疊，近處黃綠相間；的確是美的如詩如畫，我的眼我的心也被感染得如詩如畫；輕風揚起我的髮絲，落葉飄在我的腳邊；你們是否也在閱讀我呢？讀一個來自迢遙東方的異鄉女子，在九月溫暖的午後，日日在此漫步；十月初涼時，披著同湖水一色的圍巾在此踱步；十一月時，湖邊常起強風，我的足跡少了，幾天出現，但覺綠樹漸稀，黃葉滿眼；再幾天之後，竟是紅葉滿地，一片枯林了，我已無法如九月般坐在岸邊寫我的文字；我的寫作地點已轉移在屋裡，一個面壁的書桌，一面白色的牆，黑色大理石桌面，一盞灰色的小燈，這樣一個角落，以及一個又昂揚又沉抑的我，在此一坐下，就是半日、半夜……；不願說淚珠與筆墨齊下，寧願說心聲與

筆聲合奏；從開放自己、檢視自己、繼以全心全意的閱讀自己……。

我讀自己，讀深藏的自己、讀洞開的自己；無需挖掘、無需探察；一點勇氣、一點覺知、一點擔當，伴我書寫、伴我完成。

是的，我見證自己，天地見證我。

生命是驚奇、是奇蹟，須自我驗證。

十四、生命的黃昏，何等雋永

從退休的那一刻起，我就覺得：這應該是一個開始，而不是結束。教職的任務已然完成，爲母的天職也已達成，我將自人群退出，平淡自然的離開——去那裡呢？我可以有各式各樣的安排，一如許許多多退休的人員一般；但在六月驪歌聲後，在向學校揮手作別後，我只想散步、散步……。

在講課三十年之後，沉默是何等新鮮的感覺，我在沉默中散步，在散步中沉默；似乎時時刻刻在思索，也似乎時時刻刻只是走著、望著；整整六月，我盡力讓自己不起漣漪，靜靜地走著；隨後七月到來、八月到來，我似也不動如山；一切，不是自然而然嗎？

如生命歷程，成長——追尋——回歸。一切就是如此，豐富的過程、美好的句點。

但這一切深沉的靜默之下，是一大片、一大片的波瀾洶湧！

同時，在心底此起彼落的呼聲中，有一個聲音格外的響亮：妳總要想想，新的階段、新的生活、新的人生吧，妳總得要有一個不一樣的內容！

活著，不是只爲活下去，不是只被動的被歲月牽著走，這真的是停下腳步仔細看看自己的時候了。

我還是繼續靜靜地走；走沙崙路、走淡海路，小鎮邊緣鄉村的氣息似乎可以熨貼人的心，在接近自然的時刻，混亂的感覺會自動地退席；我遂能輕吟著歌曲伴奏我的步伐，一路走到碼頭，再停留在碼頭棧道上，目送夕陽的離去。

此時，有一些思維，在我心中萌動，一些情思，開始盪漾；於是，我想到了自己的一枝筆，那枝放置多年的筆——一直在逃避握筆時的痛，因爲，那必然要面臨非常真切又深入的生命觀照，那總是帶給我極大的衝擊。

以往寫作，多半是爲學生寫、爲兒女寫，也寫工作、生活之歷程，多爲勉語或輕描淡寫，心底深處，則少探觸；一直以爲這種種投入，就是我生機的源頭，就是我此生的

寄託；我朝於斯、夕於斯，我念茲在茲：孩子、學生、工作……，現在呢？

現在我當怎麼看自己？之前的混亂，是我自覺失落嗎？是我還在尋找什麼嗎？

我終於深刻的明白：一切遠離我的、不屬於我的、或我欠缺的，都不是我的失落；我唯一失落的只是生命。

我固然有告慰自己之處，但也有負自己，竟用人生最寶貴的時光虛擲於虛幻的追求與執著；我生命中的傷痕，其實不是那些由外射來的箭或絆倒我的大石；我最大的痛楚，竟是我不曾好好珍惜自己！

我在尋找什麼？不是。我的遠行、我的漫步、我的寫作、我的淚水，全無尋找之跡，我只是回歸自己——重新再發現自己，我的根柢在那裡？獨對蒼茫時，我有多少力量？

遲暮之年，何有所求？但望一份真的氣息、美的氣息，與呼吸同在。生命的黃昏，啊、竟是如此雋永。

今夕何年、今夕何日，我完成了「閱讀自己」十四篇。前後並無規劃，意之所至，筆即隨之。這一長篇，非爲任何人而寫，非爲任何事而寫；執筆只寫心路、只寫心痕；留取心魂，但期不負平生。

第二篇　獨對蒼茫

帕米爾高原

就是生命

一、以生命情懷寫如實人生

我自知：我的作品中，以「生命情懷」爲重。

何謂生命情懷？可作簡單的解釋：它是面對生命現象的自然感應，或生命本懷的自然流露。下筆時，不在理論上斟酌，不在知見上著墨；乃直視生命，直抒胸臆，觸處所及，相印相照，別有會心時，常有此心奔騰。不可不寫的激湧。

因此，我執筆，無有企圖的寫作，萬般落盡，惟「清純」之心相伴，只期「生命」能在文字中再度「復活」。我所關注的生老病死、悲歡離合等生命課題，就是我的素材，也是寫作的目標；換言之，我爲生命而寫作，爲實證此生而寫，與眾生同歌同泣而寫；捨此無他。「真真實實的人生」才是值得書寫的理由。

慚愧在現實的繁瑣和生命的浮沉中我虛擲多年，雖此心在、此情在，但停筆甚久，頗有蹉跎之痛。今夏，甫自學校工作退休，縱然有數十年的教學歷練，縱然也走過生命中的山重水複，乍一離職，猶有一時心無所託、安穩不住的感覺，更感生命之自處與安頓真是終生的考驗。

（一）如何面對自己

如何調節自己、如何跨出新步、如何面對轉折、如何品味平淡、如何欣賞成熟、如何面對孤獨……？

今夜，坐在桌前，我就想著這些。芝城十月，夜涼似水，我的心也格外澄澈。

首先，最想問自己：什麼是我此生最想做的事？什麼是我此生最大的意義？我完成了多少？答案令我心安。我大致達成了人生的責任，也能不斷的前進，並期今日之我較諸昨日之我，能以「優雅從容的步伐」續向未知的旅程。

回顧自幼至今，解事之後的每一個階段，其實都佈滿凶險，有些自覺、有些懵懂，但幸運一路下來，倒也能柳暗花明，關鍵就在：我從未放棄自己、從未放棄對生命的渴求——看看我能走出一個什麼狀況？看看生命是否能如我所願？這二者都非表示外境上的成功，而都指向內在的心境。

我很早就憬悟到外在環境（如出身背景、際遇遭逢……）的頑強不解，而期自己在內在的心靈上作深度的省察；也相信：外在的得失成敗影響的只是一時，生命體內在的問題才是攸關他一生禍福苦樂的關鍵。

這個體認，證諸過往，歷歷不爽。難關之前，或突破或卡住，都是自己「心」的問題。無法清明、執著妄求，使心陷入苦海，漩渦打轉難以脫身，無助絕望，日夜糾纏，幾不知此生何在？復有何意義？活著，難道只爲了一次又一次的自尋煩惱、爲了一遍又一遍的自限羅網？心血蝕盡、生命黯淡，猶不解所爲何來？這豈非大痛！

必待幾番內省、幾番猛醒、復幾番陷落、幾番掙脫；也必待在深沉的痛苦中，堅持一念之自我救贖——豈容生命在如是循環中無聲無息的耗盡？

這個自救的力量何在？

（二）萬事暫且擱下

是的，我們有什麼力量可以在覺察之後站起身行動——我這就離開現場、我這就轉換心情、我這就暫且擱下……，勿縱容自己陷溺於失落的哀傷、勿允許自己瑟縮於無力的恐懼，勿放任自己於憤怒的火焰……；這一次次的「擱下」，就是一次次的「行動」，必助我們渡過多少「搖搖欲墜」的日子；奇妙又可幸的是，隨著能「站起身來」，之前困擾我們、傷害我們的事情真的都能拋開，完全不用逃避或掩飾，我們已清清楚楚的知道：多少事「可為或不可為」而有取捨抉擇。如果，我們已傾全力，那麼，客觀環境中的困頓非一己所能扭轉，我們當接受它們的無奈，轉而致力於自我生命的改善（尤其是向自我習氣宣戰），必能逐漸輕輕放下此身此心沉重不堪的重荷，即令千般萬般的考驗也能以持平之心笑納一切。

退休前後之激盪，也在我檢視自己大略不負平生，大略已善盡自我而得平復，且能更加平和以面對未來，續以我生生不已的情懷，為自己、為眾生、為宇宙生命而寫作，這，即是我此生最大的意義。

（三）孤單的存在

其次，想問的是：我們如何能更自然的「獨對自己」？

「獨對自己」，需要廣義的解釋：無論現在的處境如何，即使無限風光，也終要有「獨對自己」的體認。前文曾言：我要為「生老病死」「悲歡離合」而寫作。容我直述，它們，都是我們必須去「獨對」的。人，即使在眾多雙手迎接下出生，但，離開的時候，

常是「孤單的離去」，甚至大多數人的一生，是「走時和生前一樣的孤單」。人之生也，孤單俱存，這是生命本質。我們，如何面對它們？不是處理它們，而是全然接受：我知道我的人生走到了什麼地步？我知道目前我的情況是如何？在如走馬燈一般變幻的人生裡，最後的真實就是「獨對自己」；有時，甚至感覺自己是人生詭譎中的「倖存者」，甚至有著走在廢墟中的淒涼；此時，是什麼力量在支撐生命？試想：「秋霜梧桐夜落時」，此情此境，怎麼自處？是否能領悟飄落的葉子是一首無言的詩歌？它飄落其實沒有痛楚，它只是自然的生機盡了……。我們呢？我們呢？

無告之境，何以自解？能察覺、能面對嗎？

二、同一節奏，巧妙共鳴

（一）此時此地，生命俱足

我沿著密西根湖，往芝加哥博物館的方向走去，雖然是黃昏時分，陽光依然亮眼，天色藍的不可思議，前方湖水則有層層不同的顏色，隔湖一方是印地安納州，如海市蜃樓般，在湖水遙遠的盡頭，若隱若現的浮著。

我來到一處已關閉的沙灘，沙石細白綿密，可以想見夏天的盛況，九月底即已關門。想不到此時此地，竟只有我，而且是來自東方的女子，走在長長無人的沙灘上，望著湖水婆娑，岸邊有一群鷗鳥，是一大家族吧？牠們選擇在人群散去後棲息於此，或自在飛翔空中或在沙灘上玩耍，這裡成了牠們的天堂；我的來到似未影響牠們，牠們兀自此起彼落的唱著牠們的生命之歌。

於是我就坐下，看著牠們嬉戲，也望著另一邊的芝加哥市區，高樓大廈櫛比鱗次的在晴日下競相閃著；正前方，則是一望無垠的湖水；我忽然覺得：一切看似各自存在的東西，卻如在同一節奏下律動，不論遠近，不分大小，在宇宙中，一切都有節奏，而且一切巧妙地合拍；微風中的鳥聲，鳥聲中的水聲，水聲中竟彷彿有我的心跳——因爲，我正傾聽湖水溫柔的拍岸，一波又一波，極有韻律地，呼應著我一般……。這四周看似不全諧調的畫面：躍動的鷗群，盪漾的湖水和靜靜的我……，卻自有微妙難喻的共鳴。

宇宙萬物，難道不是同一的生命？

這湖邊的生命，豈不在共譜一首生命的樂章？

（二）我的生命，正在澎湃

我心中浮起泰戈爾的一首詩歌：

「訴說我心中話語，
詠唱我心中歡樂，
生命如泉源，
不再會短缺。
我心中充溢著說不盡的話語，
唱不完的歌曲。
生命之充溢，使我出神忘我。」

這首歌不就是在唱那種與「萬化冥合，心凝形釋」的感覺？唱出與自然同一節奏的旋律，那不僅是對自然的禮讚，也是對生命的歌頌，加上一個清醒的觀者——看到鳶飛、聽到天籟，朝夕演出的自然場景，澎湃著生命的訊息，詩人的心也隨之澎湃，形成同一的生命，一起合奏、一起呼應、一起迎接：

我之生命，正在甦醒！

我之生命，正在燃燒！

我不禁哈哈大笑了起來，心中塊壘盡消！「昔日枉思維，都落頑癡」啊！

英國詩人布萊克的詩也在此時出現：

「一粒沙裡有一個世界

一朵野花中可以尋到天國

於你的掌中握有無限

而在瞬間裡蘊藏著永恆」

這是一首大家都熟悉的詩，我卻在今日，於此時此地，方有真正深切的感應。

十月初的季節，我隻影躑躅於此，我的足印會被沙石淹沒；我的笑聲、我飛騰的思緒會隨風聲而逝……。

這那裡是傷感？這是多麼俱足的一刻。

此心在、此情在，人生何有遺憾？且悠悠然歸去。

（三）我所有者，乃生命也

臨走前，我寫下這幾句：

一首詩是一個生命世界
一首歌也是一個生命世界
乃至一思一念，都是一個生命世界。

我在堤岸迎風漫步，觸處都是生命的世界，我的心隨之而動，生命的滋味何等甘醇！這岸邊一隻隻海鳥、一根根青草、一波波浪花，乃至我的一呼一吸，都在脈動，宇宙大生命中同一的脈動……。

我微笑著，頓悟：

「我所有者，乃生命也」。吾心、萬物、宇宙皆然。

這豐美的午後，我以生命情懷，在此輕唱、在此放歌；同樣搏動的生命，也在此與我合奏、與我齊鳴。

是的，就是生命，一切，都在「生命」中。

（這段日子以來，我在湖邊漫步的時刻，真正是心滿意足。也許到了某種年紀、某個心境，才能在處處感應中，嗅出滿滿的生命芬芳的味道，那是一種很清純的味道，不是百感交集、五味雜陳的味道，而是，你終於知道：生命的最後歸宿，應是這般情境。

遺憾已淘盡，得失寸心知。人生，當真不必悔怨。）

二〇〇八年十月八日　寫於芝城

生活片羽

生活片羽，何嘗不可喻爲生活中，偶然綻放的靈智；留誌於此，以證生命中的每一念、每一得，也是一片片小小的「藝術珍品」。

隨筆雖爲隻語片言，但有輕輕拂塵、淡淡撫慰、隱隱指引前路的心意。

一、今日，看了一部影片，主題也在探討生命問題，我抒感如下：

1. 生與死，皆「不可思議」，也永不得究竟與慰安；淚水乃人生所必需，它稍稍清理巨大的迷惘。
2. 縱看生命乃共生共業，橫看則各有性命、各有結局。（豪傑凡夫俱在其中掙扎）
3. 亂箭四射時，誰能倖全？誰落馬、遲速而已。
4. 人之「求全」「求闕」，皆爲徒勞。勿妄語妄求。
5. 俯仰之間，處處是進退失據。何遑安身立命？

6.愚痴壓抑生命；然英傑之士又能馳騁幾時？
7.眾生皆爲過河的卒子，凶險自擔。
8.人生不是紙上談兵，亦無法沙盤推演；必得下場操作——且學且做、運氣、努力，大約一半。
9.人生佳境，無非「赤子」境界——心中無「輸贏」，眼不見「聚散」。千般萬般，好玩而已。
10.若能在「生老病死」中遊戲，「生老病死」才能爲吾人智慧之依憑；可惜，我們都被教以莊嚴的心態看此歷程。

二、那一天，我在淡海散步，正欣然於一股偏遠地區猶存的鄉下餘味時；一隻相貌凶猛的大狗，突然就從一處庭院中衝來，我猝不及防、當下呆立、準備受襲；牠卻只停在我身邊嚎叫；我試著舉起無力的雙腳向前移動……。此時此境，我清楚看到生命的情境：人生會有多少不時襲來的孤立無援！

三、生命的支撐點是什麼？思想、情感、知識、信念、目標？一切在變化、一切在重複，一切也不敷使用，無恆定、無絕對。在沒有支點下找尋支點，生命之路就這麼辛苦

的展開。

四、剛才在一份刊物上看到這樣一句：「做喜劇的訣竅，就是：扮傻。」這或許是喜劇演員的利器。但在現實生活裡，「睿智」的人是否即與喜劇絕緣？他是否太聰明或太愚笨，不肯扮傻。

五、科學已經進步到可以改造基因，在人類的命運中，大大增加了自主的成份。試問這可以全盤改變生命的故事嗎？基因大半控制人生。重點或在我們以什麼心態面對，方是關鍵。

六、觀人觀己，成與敗，得與失，努力與命運，勢均力敵；如是持平以視，或可放自己一馬。

七、能看透命運的無所不在，仍坦然盡其在我，這已足夠「清明」——必能撥開渺茫雲霧、找到生命之梯、步步自拔、步步超脫。

八、人群中，大家來自八方，各行其是、各有所屬、復各自歸去；誰也不擁有對方，只是因緣所致，同一班車、同一條船；再多一些因緣，同一屋簷、同桌吃飯……。來、去，皆不由自主。只堪欣賞、只堪感恩。

九、放慢心、放慢步、放慢一切……，於是，我們終於嚐到生命的一些滋味了——之前，急急切切的一切，真實嗎？連歲月都變得飄忽如陀螺，轉瞬即催人老——怎麼，前面幾十年，竟渾然無覺、枉費心力！

十、生命很蒼涼的一個境況是：一念猛醒，赫然察覺——此生是多麼身不由己、身不由人，被迫也無覺的漂蕩著，一定神間，竟然已晃擺了半生。

十一、生命中最無奈的不是際遇等等，只是時間；以及在時間中受盡悲歡離合、恩怨是非操弄的那種卑微。

十二、所有的知識，其價值在增加了我們面對人生的力量；心有所託，也增加了一份穩定的力量；但皆無法助人更貼近個人內在生命的根本問題。

十三、從容鎮定、自信灑落，確是學養的真功夫；但有此涵養器識，不意謂生命之整全——生命必然有其「缺憾」，若能笑看笑納，真是神仙一等了。

十四、人的基因、人的背景、人的遭逢，大都不是知識能盡解的，知識只是幫助我們認識它們的存在。我們無法解開其中之謎。

十五、我們真的是束手看著時間的魔術師，變幻著我們生老病死的歷程；它偶而戲謔我們，

偶而痛擊一下，完全神龍見首不見尾的糾纏著我們……。我們能在其中有多少徹悟？

十六、「生老病死」是生命的節奏，只是，它不由你控制；「完成生命的意志」云云，太壯烈！那倖存的一片風景，如永遠迴盪於人間的樂章。

十七、但，造化仍強勢，天地終無情，當你終於發現那令你心醉神馳的美麗風景時，……音符竟然戛然而止！

十八、朋友與情人之間，最真實的指標是在受苦時相陪。

十九、所謂幸福，若可解釋爲「心滿意足的此刻」，那下一刻呢？明天呢？它還會不會「再度降臨」？我們製造的夢想，怎能指望別人來成全？

二十、一個「老」字，就可讓生命頓然「虛」了起來，這真是最迫人的事實。

二十一、臨「老」還能不能「跟著感覺走」？不受制於體能衰敗，不屈服於外境限制，老去童心猶存——這夠不夠精采？

二十二、救贖是什麼？是徹徹底底的自由？自由是否是徹徹底底的孤寂？孤寂是否是徹徹底底的真相？生命中有些東西，彷若註定要終身背負。跟學養境界皆無關。洞悉至此，生命有救贖嗎？

二十三、半百之後，幾人不是「劫後餘生」？在命運播弄、現實鞭笞、人情冷暖、世事無常，生命脆弱……，幾番顛躓、殘喘著存活下來，像剝去了一層層的皮，此時，「可觀」的還剩下什麼？老實說，或只餘看不見的靈魂。若此過程中，靈魂也蒙塵、也受汙、也變形……，還有什麼可以再發現？這才真是生命極度的悲哀。

二十四、當正視人生隨時有「撒手」的可能，不論那一種形式的撒手，都可能讓你毫無所備，讓你眼睜睜的看著——放開你的一切，或者，你被迫放開的一切！

二十五、每齣戲都會有一個「END」，林林總總的百態，最後都是一個「END」，低迴留連徒增悵惘；不論是你要或不要，不論是用什麼手段、心思，結局沒有不同，只是方式有異；終了就是終了，結束就是結束，拚了命，也是一個「END」。

二十六、人心中的惶惶然，或在於：變幻萬千的世界，常不及意會過來，瞬時就又都換了樣；我們看到的真相或是扭曲的，真實只是一刹那間，來不及正確回應，它已稍縱即逝；因此，真相云云，不免「盲茫」。

二十七、惶惶然的另一因素，是在我們總想挽回一點什麼，想改變一點什麼，那般的深情殷切，使人心傷，最後的束手無力更使人心痛……。接受事實和坦然放下，

是最切要的功夫，也是最難的功課。

二十八、寫作時不時自問：對生命觀照了多少？對生命理解了多少？對生命實踐了多少？筆下不是詠嘆、不是謳歌；想如實留下生命的腳步，不強調孤獨的真實，不刻意於人群中取鏡，只是俯看人我的腳印——每個人的獨特腳印都是「絕唱」。

二十九、愛情最令人跌足的是——個人的涵養等，不足以抵擋愛情的誘惑；渴求——渴求理解與溫暖，卻足以使人「純情而墮」！即使紳士淑女，也恍恍然自投羅網，獻出了他們的尊嚴和風範，這個代價大不大？生命有其本質的殘酷——是什麼在折磨著人？現實裡的挑戰不足懼，自我精神的追求失落，才是最大的絕望吧！

三十、我曾在諸多偶然間捕捉了一些瞬間；因爲瞬間，我不期求全貌的呈現，我只盼那一個一個的瞬間，永遠閃閃於記憶深處。

瞬間的背景、瞬間的交流、瞬間的相遇、瞬間的一步、乃至瞬間的輕輕一笑、默默揮手，都在譜寫生命。

向生命開放

記得在連續劇「人間四月天」中有一句對白：「我不知道風在那一個方向吹？」是的，我們不能盡知外境的演變；但是，風，若竟是把人吹向毀滅，人，是否毫無抗拒的能力？劇中男主角徐志摩走了，留下三個心碎的女人，曾經彼此那般熱烈的愛一場，如今也只是各自的淒清！我們怎能不深思：人生怎麼走到這個地步？感情怎麼落到這個境地？情感，竟是耗盡了心血；人生，竟是如許的沉重，種種結局皆「如夢幻泡影」，吾人只能「欲說還休」嗎？仍想問一句：沒走的人，夢醒了嗎？劇中女主角小曼的放聲中，有多少不願向命運屈服的不甘，但又如何？再問：誰能預知風在那一個方向吹？如果「無常」是命中註定，那麼，我們要修的功課，也許不盡是「堅強以對」，更應是「順應而爲」。如是，方爲「自我安頓」的開始吧！

我因此想梁啓超先生的名言：「天下沒有圓滿的宇宙」，確乎每一個人的世界裡，都

有他個人的「欠缺」；不是顧影自憐，不是傷春悲秋，吾人當對人生有如實的體察和理解，才能在面臨人生無可奈何的失落中，收攝情緒，有所自處；進而在接受事實之餘，坦然有所承當，有此生命智慧與勇氣，即使不能到達人生的圓滿，但必能走出生命新的氣象與局面。

就是這般起伏吧——時以豪情自勵，時又不免悲懷；去年初夏，我提筆寫「與生命對話」首篇裡，我即表達著對人生清明的嚮往，企望一點省思能助吾人面對生命的遷流；也切盼一點覺醒能助吾人翻越生命的險峰；三十三篇的心情，都是對生命的觀照，對生命的期許；吾人即使奄忽如陌上塵，浮沉若水中萍，但看人看己，依然有感有悟，有歌有泣；今天在向讀者諸君暫別之際，亦猶有幾許心中言相贈：吾人千般悲喜皆「同體」，萬般苦樂皆「共命」，因緣際會，相扶相持，豈非人生的報償？

我嘗讀佛經釋迦牟尼佛一言而掩卷長思：「人生如箭，勢盡還落地。」勢強勢弱，有主體生命無以掌握的機運；各得其所，也有眾生不能強求的奧秘；吾人如何把握人生的歷程？即取決於我們對待生命的態度。

試思：我們對生命了解多少，對自我認識多少？生命或許很難具體實際的掌控，但生活足以顯示生命的價值。在生活裡，我們究竟有多少體驗？究竟可以完成什麼？自我的追尋與夢想的實現，不就是在呈現自己的生命嗎？生命提供我們一切，我們也藉此達成生命的任務。在每一個當下的時空裡，熱烈而真誠的活著，每一次呼吸裡，都有盼望、有付出、有滿足、有感恩，那爲生命而躍動的心靈，每一刻不都是一個「圓滿」嗎？如是，有限的存在，不也可以創造無限的「完成」嗎？

如果，我們能把一切的際遇，融入生命，成爲智慧；如果很多事，我們不只從理智的層面去看、去想，而能用生命去感知、去因應，生命的韻律豈不更爲優美？

因此，我們不再追問風在那一個方向吹？不再追索一個「勢」字是如何駕馭我們的人生？即使生命確乎有無所遁逃的考驗，也有難以避免的錯誤，但，生命態度決定我們人生的內容。我且以「莫負初心」與諸君互許：我們只待記取當初的那一念，即能解開被塵勞關鎖的心靈；復以「動靜順勢」與諸君共勉：生命順勢開發、順勢運轉；也需順勢退轉、順勢休養。順勢，不是俯首爲命運所支配，順勢，是一種對外境的明察和內境的清澈，是一種自知，知勢不可爲、不可求；既非束手就擒，亦非守株待兔，而是兢兢有時，休休亦有時，無傷無害。這受用存乎一心的人生，變與不變、盡其在我。縱然悠

悠勞生，「好像一聲嘆息」，我們又何怨何悔？

「與生命對話」，我不能說句句是由心靈所醞釀，但篇篇由衷而發。最後我要說：生命中所有的椎心之痛，都是人生在向我們展示最深刻的意蘊，唯有理解與接受，才能自其中超脫。

生命雖各自朝向不同的方向，但都走在同樣的道路上——生老病死、悲歡離合。且容我們的心在其中開放，在不圓滿的宇宙中開放，在人生的欠缺中安頓；以這般的體恤和胸懷面對生命，相逢當下，欣欣微笑，何待再言。

第三篇　遙寄心香

遙寄心香

——獻吾之親吾之友

來到芝城，每日散步，已成習慣。我「仰觀宇宙，俯察品類」，「遠取諸物，近取諸身」，靜觀諦聽之餘，每有會意，或寫日誌，或抒小品，或淡淡以數筆約制千迴百轉之情思……，千慮一得，敝帚自珍；自信可與吾之所愛所親分享互勉。

一、所願滿足

我走在芝城密西根大道
這個晚上，秋涼沁人，有女爲伴。
左顧是女兒的笑靨迎人
右盼是物質的絢麗誘人

唯我此刻不唯心、不唯物
淨空的內心，且容每一個細胞舒活躍動……。
所願滿足
何等幸福！

二、草木本心

湖邊石堤縫中處處冒出小小的枝芽，餘暉中，它們小小的身軀，奮力昂揚的非逼你看。蒲柳之姿，望秋而零。但這些石縫中的小草，卻在多風的岸邊，依舊娉婷的擺動，它們一會彎左邊，一會向右倒，甚至枝身亂顫……。卻依然搖曳著一身的碧綠，俯仰得自在自得。

這是否就是草木的本心？它活得很「盡性」。所謂天地萬物的價值，都各在其本心吧！

三、自在歡喜

常看著湖邊運動的人，總是一身簡易的休閒服裝，在藍天綠地中伸展著自己，開放

著自己。

我覺得那是湖邊美景之一，「活動著」的美景。

我彷彿可以聽見他們跑步的心跳，一聲一聲、展示著這一刻的實在、這一刻的滿足、這一刻的喜悅。

原來，不必待「傑出或偉大」，任何人，都可以以最簡易的姿態，活出生命意境——我在這裡！

我在這裡，因爲我可以自由酣暢的奔騰我的血液！手動、腳動，跑向大地、跑向自然，這難道不是一種淋漓的幸福嗎？這豈非佛家所云的「當下充實」？

自在歡喜做自己多富有

簡易自然的生活多豐美

是的，「大道至易至簡，得其一，萬事畢」，對湖邊運動或愛好自然的人而言，簡易，是另一種生命力道；而此生命力道，是萬事之本源。

我不由在湖邊如佛家弟子般，對著那些律動的身影，合十祝福：「幸哉！善哉！」

此時此刻，真是幸福！真是喜悅！

四、生命能量

生命能量，亦可謂生命力吧！

肉體這麼脆弱，生老病死，是多麼艱難的功課；

精神這麼軟弱，悲歡離合，是多麼嚴酷的考驗；

人生，真像一場修行，能修到什麼境地呢？

經驗告訴我們，生命非磐石，磐石亦非絕無轉移；生命只似風絮，變滅須臾並無預告；如是，我們的依恃何在？難道一切皆宿命？我們只是照著老天的劇本上演，乾坤一步不得挪移？

如是一想，那麼，人還有生命力嗎？

我眼前的大樹，根深葉茂，即使秋風掃過，滿地落葉，仍不失樹身內蘊的生力；腳下的小草，頻遭無情的踐踏，也不減它的綠意；我們呢？上天賦予了我們什麼呢？我們又有什麼生命潛能可以在看清自身的有限後，依然能走得下去；我們又是用什麼來灌溉

自己，在即使瀕臨枯槁時，也能再度湧現生命力？

是的，必須追問：我們前行的力量何在？這個力量是否能取之不盡、用之不竭？

在這一刻，我想到的是自己的工作，過去三十年，我念茲在茲的是學生；披星戴月，手裡提著的多是學生的作業，燈下批閱，字字細看，行行細讀……。的確，我是樂此不疲三十年。

我知道了，原來不必尋找，我的生命力即在我心、我愛、以及我所從事的一切！悠悠歲月裡，我不斷與生命接觸，我不斷鼓勵生命、培育生命，以我有限的一切作全然的付出，它們，就是我的生命力的根源。

我脆弱的身心或無異於秋風中的落葉，但我堅韌的本心，永不消滅的愛——就是我的生命力！

愛有多強盛，生命力就有多強盛。

五、原是如此

今天，我心中泛著淡淡的傷感，九月末的芝城，突然轉涼，黃昏去湖邊時，樹葉竟真的如一夕換裝！幾天前還是一身綠衣，如今，多數已悄悄地被染黃、染紅……；乍一照面，竟令人遲疑……。

還是要上前，不能就此回頭，不能錯失和夏天告別的機會，必待細細走過，低聲致謝，方才能心安離去。

小心踩在紅葉舖成的大地上，也輕輕吟著：

「年年欲惜春，春去不容惜」

「年年歲歲，花開依舊；人人事事，奔逝不留。」

「碧雲天，黃葉地，秋色連波，波上寒煙翠……。」

低吟淺唱中，竟陡生一種要與戀人訣別的心情……。

我試著安慰自己：

美，不爲什麼而存在，不爲什麼而凋零；如果邂逅了，欣賞了，它就圓滿了。它也是無始無終的存在，因爲花開花謝、我來我去，有一份感動、一份相契。這湖邊的變幻看似蒼涼、決絕，卻是年年歲歲、朝朝夕夕來還願，還曾經樹下徘徊，知它惜它的情意。

花果飄零，人事聚散，是沒有目的、沒有終點的。就是一場相遇，復各自歸去。「爲

君結芳實，請君勿嘆息」，自然有它的虔誠，我們也曾用心，每一瞬間的變化，都是如此「清純」。這是宇宙本然之理，也是生命本然風光，原型如此，勿再傷感！

變化即永恆，森羅萬象，云云眾生皆是。

這湖邊小小的一隅，也是一部活生生的經典！

六、勿悔勿怨

當你靜靜的凝視，你看到的大千世界，每一幕都有自己人生的影子，佛家所云，成住壞空、空生萬有、萬有復滅，化成無始無終之宇宙生命。在此湖邊，處處得證。

更清楚的說，我們過往人生的每一步，都如眼前一景一物一般，存在過、美麗過、被讚嘆過、也被無情摧殘……，而後，自然有變化，生命有曲折，各自經歷、各自承受；最後都無聲無息地從這個世界，從生命中消逝，不復被記憶……。

看來似是如此，一切在當下的七情六欲，那般殷切強烈；事過境遷之後，卻赫然發現，只是幾番誤解、幾番錯過，不經世事，不知底蘊的我們，卻爲之痴迷爲之顛倒！撫今追昔頓感生命無明之悲哀與虛幻，回眸處，自不免憂傷纏心頭。

但這一刻，歷經哀樂的我，靜靜的坐在湖邊，靜靜的與它相對，湖水依舊超然般旁觀著人世的滄桑，坐視著人生的愚騃；浪花來、浪花去，只有生命在此凝視、在此低迴；也在此發生、在此結束……。

我們所遭逢的一切，都只是在進行。生與滅的進行。宇宙萬有，不成長，便凋謝。我們沒有例外。

凝視自己的人生，不是追悔，不是扼腕；在那幾度輪迴中，看到浮沉、看到覺醒、看到新生；我們終究能在其中提煉一個有意義的人生。

凝視自己的人生，才能有「多麼痛」「多麼深」的領悟，進而承載它、克服它；此時，嘴邊必有一朵寬容的微笑，釋盡憂傷，平心回首——啊，所有曾經的苦難，竟都是不可思議的福報。

七、終始掙扎

生命中的生老病死，乃至悲歡離合，都充滿了掙扎。

出生即是掙扎，生長也是掙扎，生存無可倖免。

掙扎遍佈一生。終始循環。肉體精神兩不得免。或可謂：生命的本質即在掙扎。

不禁想問：掙扎所透出的辛苦之外，是否能孕育希望呢？多少文藝作品，記錄著生命的掙扎，歌頌著掙扎過程那令人屏息的震撼——人的潛能，呼之欲出，終究也激湧而出！

可惜，掙扎也可能失敗、可能放棄；掙扎的落幕，有時幾乎是令人無以忍受、不忍卒睹的「棄絕」——在停止掙扎的那一刻，世界是一片死寂，希望徹底熄滅。

因此，掙扎是豐富的，是生命的象徵；掙扎的過程，開啓了生命精彩的無限可能，亦可謂生命最壯麗的演出。

掙扎的失敗，令人敬肅；掙扎的成功，令人喝采。終始不斷的掙扎，開展生命的生生不息，它，已經轉換成蛻變，轉換成創造——掙扎之後，是多少驚嘆、驚喜！

苦，孕育了美；掙扎，則孕育大美；終始掙扎中，充滿不可想像的奇蹟。

繼續試，試試掙扎，不同方式的掙扎，看看是否能掙脫枷鎖，於破曉時分，飛往一個新的世界。

八、造化恩寵

昨日見黃葉舞秋風，落紅化春泥，似乎傷感；其實也是悸動、感動。今日再度走在滿地的落葉上，心情平和許多，感到繽紛秋色是造物對大地、對眾生最後的恩寵。

我想起台灣的油桐花，以「五月雪」而永駐人心，它神祕決絕的一生，也是活出了自己的生命，那就是油桐花的智慧吧！

就在此時，一隻單飛的鷗鳥，以孤芳之態站在石岩，但只片刻，牠倏的高舉，竟是以「宇宙闊步」之姿飛向天際；我何必幽憐它的隻影？牠自有它的運作、它的完成、牠的——美。

生命，絕對不是微小而無力的存在。

凋落，可以是詩是歌。它們以詩歌彰顯生命。

飛翔，是探索是追尋，充滿令人神往的無限可能。如同我的感傷，也是一種對生命莊嚴的看待。

自然萬物順應四季變遷而開落，不是一種智慧的真切啓示嗎？

湖邊，枯黃的水草，我憐惜；湖上振翅雲端的鷗鳥，我動容。

那麼，我在這偶然的時空中，在此留下的足跡，也耐人尋味吧！

造物真是心意綿長，每一個瞬間，都有奧妙的訊息！

我在堤邊自誓：此生必不惜寸心，永遠成長，永遠感念，在每一個交會的時刻。

結語

用心的人，自有一股無以言喻的芳香，容我以此自視，以「心香」贈之。來美二週，千里之外，看人看己看事，每有新悟。對於平日惠我甚多的親朋好友，每思無以爲報，只能清茶一杯，將心曲點點錄下，獻給相親相近之有緣人。

我願此生，以愛以惜，看待吾之親吾之友以及每一個人。

二〇〇八年九月三十日　於芝城密西根湖畔

第四篇　斗室面壁

退休感言

八月一日，我正式退休，拿了行政院頒發的一等獎章（這意味我付出了三十年以上的歲月），告退下台。

實際上自六月起，高三已畢業，我即不再有學生「簇擁」了，謝師宴回家的那一晚，夏風薰人，滿天星斗，我未啜一杯酒，卻醉得很厲害。

我踉蹌、恍然、欲歌、欲泣……。

三十年翻飛於腦際：

我試教、我備課、我出題、我閱卷……

我上台訓人，下台想訓自己。

我上課忘情，如作者魂魄附身；下課情深，心思一縷常繫學子。

我殷殷切切聲聲召喚；揮汗揮淚，課上課下皆然……。

一頁又一頁，記錄的都是三十年以生命相映的故事啊！

整個七月，我不時有些徨然惶然：
我想念我的學校
我想念我的學生
我想念熟悉的鐘聲
我想念教室裡喧嘩的笑聲，瀰漫的便當味……。

八月，終於可以定下心來看自己：
退休是必然，也是自己選擇，何以衝擊若是？
我已盡力，歲月雖悠悠渺渺，但教室裡的日子沒有一天不真實深刻！
俠骨柔情中刻劃的豐富雋永，斑斑皆可見證，何有失落？
教者的生活就是和學生一起成長。
成長就是幾番脫胎換骨！

不已的學習、了悟、實踐、更新……，大死大生、大生大死。教育不斷再創師生新生命。

以今日之我戰昨日之我，蛻變、重生的歷程，有教者學者，無以免之的痛！

實迷途其未遠，覺今是而昨非，是教者學者無以名之的樂！

教育的報償還歸教者學者，靈性的啓發綻放生命的美麗。

愛的教育，源自愛生命之一念

愛生命，源自惜生命之一心。

一心一念，護持吾人行行復行行三十年。

下台，是另一個上台。上講台，是爲眾生灑心血、剖心腸；下了台，是將生命還給自己，是向自我生命再求一個無愧，再造一個意義。

茁壯中的生命已奔向四方，不同場域競放光采，下台後的身影雖踽踽非落寞，交會的生命已然匯流成大觀！

揮手自茲去
今後是淡然、恬然，灑灑然歸去
且再唱一首另將啓程的歌。
回首見深邃，我心復何憾？
馳騁的豪情化爲記憶中的瑰麗
歷程中的壯麗，留待後繼者之體味
失落青春的我們
何有畏懼
時間，是我們唯一之牽掛
我當如何化時間再創生命的新頁！

當年以赤子心出發
今日當自豪此心猶然。
且將一腔溫熱酬自己！

黃昏之際，滿天紅霞
相看兩不厭，點滴寸心知。

大地山河，繽紛是一景，茫茫是一景……
我經歷、我參與，而今我告退……
在靜謐的一角，我咀嚼著餘生餘味餘情餘韻……。
眼眶雖猶有酸熱
惟歲月何負我哉！

二〇〇八年九月十九日
於密西根湖畔小憩隨筆

教育幽思——人的問題

赴美之後，幾乎不敢多看台灣的新聞，雖然這個世界，到處都有政治、經濟、社會等問題，但「多一份關切，多一份憂慮」，想到台灣正在發生的種種，對教育有何影響，較諸身在國內更牽動我心。

此次來美，匆匆一旬。目前所住之地，屬芝大大學城，芝大緊臨密西根湖，湖邊散步，是我每天的興趣。女兒很忙，不在身側時，就是筆記本陪伴我，有時走累了，就擇地坐下來，將心中所思所感記錄下來，並非刻意寫作，也非刻意留痕；但想平生階段，關注不同，思慮有異，但一縷幽思，萬千情懷，齊奔筆底，閃閃生光，是何等真實美麗。

今天是教師節，我雖已自工作崗位退休，惟數十載晨昏於斯，心中不免一波觸一波，但覺有言，不可不說。

這秋風起兮，景致日日變化的黃昏，我徘徊於此，想教育、想學生；秋風聲聲入耳，

生命亦敲動我心，心與境會，思潮激湧，隨想隨筆，若語多繁蕪，沒有系統，想必也值得體諒了。

幽思一：

教育的主體在人，人最需要什麼？人要肯定要尊嚴，但它們的依憑爲何？教育的成效若不能安頓人心，在漫漫長途中找不到方向，那我們埋首求知，專業有成，是否即可謂教育之成功？

現實人生裡，我們害怕碎片般的生活，我們渴望著一些完整的東西來證明我們「活得好好地」。諸如出身體面、家庭圓滿、事業發達……，我們以此砌造一個圓滿的宇宙。

在這些美麗的圖畫前，可否提出一些疑問：

我們爲什麼汲汲於這一切？

這一切足以支撐生命嗎？

常見一句「你快樂嗎？」就有可能使人如受雷擊；我們擁有的逐漸增多，但心靈空虛無依造成的問題並未減少；事實多證明人所營造的一切是脆弱的；教育不能使人更認識自己的本心以及此生真正的價値，那麼一切外境的美好，都不是使生命心滿意足的關鍵。

因此，「我擁有什麼」不是問題，「我欠缺什麼」也不是問題；人的根本問題：出自心態。前者不足以自矜自是，後者不足以自憐自嘆。所要思考的是：我們是否也慣於以自己的優勢去遮蓋生命出現的問題？

人，一邊企求「得救」（脫離苦海），一邊又急於掩飾「我沒有問題」——現象看來可能如此，但猛醒之際，怎麼面對自己？我快樂嗎？我自在嗎？所有的學習，學校的、自我的……，乃至一切的經歷，於我之意義何在？

我們是否有能力洞察什麼（譬如追逐的虛幻），放棄什麼（徒耗心力的執著），回歸自我，還生命一片清風朗月，活得如眼前湖邊景致一般的自然？

自然的來，自然的去；自然的開，自然的落；在這其中，人所獨具的靈性，會助一派自然的生命生機流轉，活力無限。

教育開啓這個源頭，教育也使它澎湃壯麗，因爲教育守護了本心，本源不斷，生命即不待外求，生命也無得無失，人才有眞正的尊嚴，認清道路，坦然自得；不再淒淒惶

惶無所依靠，不再左衝右突，急切去證明自己的價值。

生命本身的拘限，就無可能使人得隴望蜀，複雜的外境與幽微的內境交錯，日日都在製造問題；把目光向內、向自身去層層探索，層層挖掘，就足以有多少大夢初醒的發現！

原來，問題大半出自自己。不當的教育（方向的偏差）和自我的覺醒不足，人會一步步走向那裡？路途越來越撲朔迷離……。歲月蹉跎，生命虛擲，筋力日衰；再回首？能有多少機會、多少時光再回首？

幽思二：

希望一詞爲何如此美好？是否因爲我們不斷被糾纏在生命中「無法解決」「無從迴避」的問題中？

希望遂成我們唯一之浮木。

我們企求它帶來新的風光！

但，大部份時，我們意識到：它可望不可及。當下的遭逢，似乎沒有終極解決的一天，也沒有終極解決的方案，希望云云，成爲糖餌；唯一的補贖，在當下領受問題的教訓，在體驗生命的詭譎，在認清人力的有限……。洞悉力越強，越不致悲觀喪志，看清生命艱難與無奈的人，必更清明與積極，推己及人，更有真實的悲心，「無緣大慈，同體大悲」，從此超越自我，以同理之心關懷生命，這是生命教育最大的善果。否則，我們可能日日匐匍在現實的困頓裡，頻頻四顧：從黑暗到光明，距離還有多遠？

徬徨不定、左右失措，讓我們跌入深淵，深不可測的痛苦消蝕著生命的活力，凌遲著人的意志；昂揚的英雄也會變成一個卑瑣的、日復一日屈從度日的游魂！一片大霧迷谷口，幾多飛鳥盡迷巢，逆風孤飛，風強雨大，人生至此蒼涼否？

何以至此一步？是一意孤行、是任性沉淪？此時已無力掌握自己。生命只餘「孤注一擲」，因爲手中的籌碼、心頭的希望，越來越薄弱了。

教育沒有點燃靈明之心，教育沒有擦亮蒙塵的生命；若此時還說：天亡我，非我不力也。落入最終的逃遁——哀哀於命運的控訴，我們不禁要問：希望何在？

幽思三：

人，爲何不能相融、相容？

教育的主力，在指引人生的幸福，即在共享共榮。換言之，教育啓發人，「當我們在一起，共度風雨晨昏」「在冬日的爐火邊，默默相對或相依」，溫暖與溫馨才是生命最終的報償，最後的歸宿。

但，生命何以壁壘分明、相持兩端？

生命本身是動盪的，動盪中必然產生難以跨越的鴻溝。所以必須正視：在人類前進的連串變革中，或不期高難度的融合，而求其中的尊重。特別要去學習接納和欣賞不同特質的人。試想薔薇有知，能否愛上野菊；玫瑰有靈，能否戀上梅花，此雖屬異想，借喻首出萬物的人，難道沒有獨到的眼光、恢宏的胸襟在「異己」中找到相惜相憐之佳處？教育開展視野，乾坤大千世界，舉目是千巖競秀、萬壑爭流；舉目有崇山峻嶺，也有平疇沃野；互不相斥，互不相礙，各展其姿，各騁其情，這是人間的可愛，教育打開了我們的眼，也開啓了我們的心；創造著同樣的可愛。如是，人，爲何還不能相融、相容，乃至和諧共生？

即使所謂上層生活的優雅精緻，與所謂下層生活的粗糙簡素，也是「各適其適」——

華麗與樸拙只是表層外衣，生命本質的悲歡離合、生老病死，不論背景差異，皆是「一律平等」，端看個人本身在此共同生命歷程中，能譜出多少生命的樂章、留下多少餘味悠悠的生命故事？

想到這裡，寫到這裡，赫然發現前方有隻小松鼠出來蹓躂，我放下筆，微笑以迎。可愛的小東西，我是否打擾了你呢？

就這一刻，我和小松鼠有什麼不同嗎？我們從各自的窩跑出來，在此相望；此時，什麼理論、什麼鴻溝都可拋掉，生命與生命只消欣欣相望。

湖邊雖浪漫，亦可作嚴肅之思。湖水悠悠，情懷亦悠悠。人在斯世，常思一念；人之吉凶禍福難卜，一夕生變，何以自處，惟寸心一瓣，必在向陽溫暖光明處開放，此爲余心之所寄，亦爲余心之所盼。

二〇〇八年九月二十八日　教師節於芝城

「滿月」誌感

來到芝城，今天整整滿月。我從「退休感言」，一路寫「教育幽思」「遙寄心香」「湖畔小品」「芝城家書」到「就是生命」「芝城隨筆」……。已寫了幾十篇，數萬餘言；目前，一直在我心中吶喊欲出的，是手邊正在寫的，暫訂爲「命運與自主之間」的文章。

爲什麼在短短一個月的時間，我內心可以激湧出這麼多波瀾？其實，它們早在我心中醞釀，退休雖然是其中一個引線，但非必然如此；深埋在我心中的，是生命的飄忽不定感、是此生倏忽，心志難償；是蹉跎的不安、是美好之稍縱即逝……。都如同我下筆時的點點觸發，亦如閃閃而去的火花；既真實復虛幻。這些才是我筆下的源頭。

我若不提筆，如何向悠悠歲月作一交代？

年歲越長，迷惑越多，唯坦誠落筆，可以正視、可以理清、可以承當；長夜獨對孤燈，心血遍灑紙上，這本身即是一種對自我存在、極其莊嚴的肯定。我亦求此生不虛而寫。

各篇內容，並無規畫，想到什麼就寫什麼，雜亂難免，拖沓自知；唯下筆不能自休乃一腔溫熱若噴泉！識者必諒。

展紙伸筆，就是寫、就是俯向生命、直抒胸懷。我沒有特別的框架，也非爲特定的觀點而寫；純係心之所之，筆之隨之；但也隱約有不能深層碰觸、必須絕然勒筆之時，以致諸多地方寫得含糊粗糙，我亦是心知肚明；但，這些文字，原本就是「人生有情淚沾臆」，心門一開，它自然汩汩的流；這必然爲抒情的基調，它不是探討、不是窮究；不是闡論說理，更非探幽發微；就只是以隨筆的形式，向悠悠天地，向我之親友、或向遠近識與不識的有緣人，寫一首首心內的小曲。

這一個月，是我人生中最平靜的一段歲月，我平心審視人我，看到極端的希望與絕望；我雖多作勉語，也肯定人我各自努力之歷程，惟情懷深處，實有不欲寫也寫不竟之幽情幽思，它們瞬間浮上心頭時，我的心是刺痛的；這與個人多情善感無涉，這是極其理智地直面人生，極其冷靜地觀照生命；天地復以無比冷豔之姿而來——天地之繽紛、天地之遷流；天地之蒼涼、天地之溫暖四面交集；我看我思我挺受，沒有一份清醒，我

是「抒情」不下去的。

「知我者，謂我心憂；不知我者，謂我何求？」然我執筆之時，是全無顧慮的，何待知音？必有共鳴者。

同時我願承認：在我充滿熱誠的筆下，那滔滔熱情的背面，其實有著一個沉沉哀傷的靈魂。

而我的哀傷，非干自己，乃爲眾生；爲眾生，更非託辭；我切切感於人生之艱難而不得不寫。

二〇〇八年十月十六日　寫於美國芝城

十一月

來美已一個半月了，我無匆匆之感，生活清簡，心境平和；屋內和屋外似為兩個世界，在母女廝守的小屋裡，我頗有「山中無甲子，寒盡不知年」之感。

今日，驚見十月已過，望著十一月的來臨，我怔在日曆前，十一月，正是四季中我最愛的月份；在台灣時，年年的十一月，我都以無比珍攝的心情迎送每一天；它的圖景、它的氛圍、它的記憶，在此時此刻，突然從遙遠的寶島飛越太平洋，向我直撲而來──我一時有點恍惚，到了十一月了嗎？推開窗，芝加哥的十一月雖仍一片碧雲天，但，它冷得令我打顫；我熟悉的十一月在那裡？

我要尋覓和重溫，坐回書桌，我要譜一首「十一月的歌」，我要任由心中的音符，筆下的節奏，帶我找回如煙歲月、如夢往事；十一月之於我，亦如同生命之發源、生命之歷程；箇中斑斑印記，處處見生命精靈之躍動。

我回想、我求索……，淡水紅樹林的十一月，長長的堤岸邊，有我在此目送夕陽，芒草就相偕在我四周舞動著彼此的身軀，在漸濃的暮色下，它們有一種幽秘獨具的氣息。

台灣夏秋很短，暑熱似去又回，直到十一月，天候才稍稍微涼，偶有一點冷沁，惟大致怡人；此時坐在木椅上眺望對岸的觀音山，空氣中還常有一點暖意，有時會覺得它是夏季的「臨去秋波之一轉」，恣意了那麼久還不忍離去的眷眷之情，讓人也就寬容了它的任性吧。

早些年時，台北濟南路上的十一月，又曾是怎麼一番景況？當我把車停好，信步由台大法學院轉往學校的途中，行道樹看似如常，卻日日都有驚奇的變化，榮枯都在替換，生命互有消長；我亦曾驚見一樹在滾滾風塵裡枯黃，不信它敏感如斯；十一月，正悄悄的、微微的爲市容換裝，不經意的心，會錯失它的巧手；我日日走在紅磚道上飛舞不盡的落葉中，看著樹身以慣看一切的態度，一逕沉默的承受歲月的遞換和市聲的折磨，總不禁伸手憐惜的輕拍兩下，嗨，知道嗎？是十一月了，感謝你們年年和我一起迎送它的來去。

進入校門，成功校園雖受限環境，但八德樓旁的幾株老樹，卻見證了學校多少滄桑，之前靠林森北路的辦公室、福利社拆除時，也連帶砍去了許多伴隨學校八十餘年的大樹，那些盤根錯節、四處延伸的枝椏或根莖，凝聚了多少歲月的精華，走在樹旁，都可感受它們的生命力如在腳下搏動；曾遮天蔽日的大王椰也陸續因「整齊美觀」而被截肢斷臂，就剩下輔導室前那幾株已不堪歷史風霜、老態畢現的大樹仍承載著曾有的風華，站出一個屹立不搖的姿態，想必同步與學校成長，自然也散發一種教化薰沐下的味道吧。在十一月的陪襯下，它出奇的幽峭冷豔，風華別出。

台北的十月太熱，十二月已冷，只有在十一月的季節裡，當落葉怎麼掃也掃不盡時，我常和同學相約大樹底下，聽他們訴說少年心事。

年年歲歲花相似，歲歲年年人不同。今年十一月報到時，我已離開校園，那幾株倖全下來的老樹無恙否？樹下的少年而今如何？生命的變化亦各有其季節、各有其韻律，十一月，必然是冷眼觀物、不動剛腸吧！

十一月的台北近郊，也不時有我的足跡，有時，沒有特定的地方，就是喜歡走在這個季節裡，也並不刻意尋訪什麼；有時抬首，十一月的天空特別高曠；十一月的大地，也相對空曠，環顧四周，空間也似乎擴大，連人的心思也伸展了起來，會想飛、想走、

到遠方、到不知名的地方。十一月，令人悠閒、又令人奔放，更令人突然急切起來：我的人生、我的夢想還來得及嗎？

我也是十一月的早起人，清晨的微風，似乎可以滲進肌膚洗我終年的塵埃；山徑旁的野花，猶露珠點點，但突然一陣輕風，就紛紛滾落了；看來，十一月的風其實是詭譎的，它一面以其輕柔的手安撫眾生疲憊的面容，一面又遊戲般的到處舞動，不待你回神即飄逝無蹤，留下兀自焦慮的我們，兀自在把握不住的秋風中追悼著一個又一個飄飄緲緲的「夢憶」；美，還在腦際，十一月，卻毫不等待。

是誰寫的一首小詩？「留你留不得，藏你藏不住」，是否也可借喻無以捉摸的十一月。

有時，我坐在碼頭，看漁舟出海，就突然想起「無言相對」這句話。十一月不屬聒噪，不需表白；十一月的圖景是「無語凝噎」、是「執手相看」、是真正的「盡在不言」；因爲，十一月的腳程最快，它不容你張嘴、也不容你耽擱，你什麼都來不及，十一月稍縱即逝，遲疑間，一切就在流失……。十一月，以高度哲者之姿，無言的給我們最大的警示。

當然，十一月也有溫柔的時刻，也因之帶動我們溫柔的心情，去拜訪山邊水涯的一朵野花、一株小草，看它們在冬日來臨前的極力展現，那種邀你相顧的殷勤，使你錯覺滿山遍野都是它們的地盤——你怎能忽視這麼真切的生命告白？

最後的溫柔消失後，就化爲來年的記憶，來年的記憶是今歲活著的証據；我們，就年年儲蓄它們，枯槁的生命才有復甦的契機。

那一年，是最明麗的十一月，我在陽明山的冷水坑，真有江山如畫之感；但，別忘了，十一月的飄忽不定，我讚嘆未已，一種難以描述的淒迷即悄然掩至……。在如畫的江山中，暈開了層層的霧氣，我似疑似真、我身在何處？因此，十一月是調皮的、是戲謔的、它以如是之姿，讓人猝不及防之後的嚴冬，我們還耽溺在山清水秀的明媚中，一回首，四周是如何已變了樣？天地瞬間無情！從來不詢人同意，它魔術般的變換腳步，你目不轉睛也難窺究竟，於是，我們終於徹徹底底、接受十一月帶來的百味雜陳了。

我怎能不長歌？且賦一首「十一月」：

十一月，踏破鐵鞋無覓處

十一月，藍田日暖玉生煙

十一月，那人卻在燈火闌珊處

十一月，惟恐好時光，盡隨伊歸去

十一月，是一種豪華、一種落寞

十一月，是一種蘊藉、一種澄澈

十一月，是一種情愫、一種盪漾

十一月，是欲說還休、復欲說還休

十一月，有多少「本事」，秋色秋意秋心餘味不盡！

十一月，有多少惆悵？怎禁得「急急流年，滔滔逝水」的相逼？

十一月，有遮不住的青山隱隱，流不斷的綠水悠悠，在迷離中遠去……。

十一月，所有的開始、所有的曲折、或者所有的完成，在此總結；它充滿生命——純粹生命感，卻不動聲色，任令天上人間輪迴不盡……。

我尋回了十一月嗎？今天，我揭開了十一月的月曆，坐下來，追索著十一月的深刻記憶，以敘贊的筆調，寫著這首十一月的歌，我心固然千迴百轉，但，十一月是否如我所述、如我所歌呢？那「秋波之一轉」有多少含意？平心來說，我不知道。

母女漫談

赴美之後，大半時日蟄居於芝加哥大學臨近的密西根湖邊，每日生活似與紅塵逐漸遠離，若非幾封 e-mail 提醒我「人間諸事」，我還真有遁世而居之感。

不在湖邊漫步的時間，就在屋裡讀書、寫作、聽音樂，惟書中、筆下、音符裡仍是一個個的人生，所以，我頓知「避世」之不可能，即令隱於山林，讀天讀地，天地間也有看不盡的生命故事。

今天，和女兒「縱論天下事」，我不斷領教年輕一輩的孩子新的視角和心態，也憬悟江山代有才人出之真義。

我們只是閒聊著，她提起大陸導演謝晉的辭世，先是如數家珍般列舉這位導演的作品，多半是以時代為背景，故事深富批判與省思；她認為：這是一個用心的人。因為，一個人在他的一生中，能不改初衷，實踐自己，能有信念和動力，並以此熱烈的投入自

己的志趣，不論掌聲早晚，都是精彩的人生；接著，談到大陸將在義大利建造第三座孔子學院，我們談到文化放諸四海皆準的根基何在？以及人本思想、人文關懷的普世價值；我們也談到，不論文明發展如何，生命之最大救贖，仍將回歸人性，人性即是宇宙唯一的火炬，人心才是人世唯一的火種，光明與溫暖都奠基於此；我們更討論，人道思想是否能超越一切種族、宗教、文化上的差異，使歧異的雙方，也能以人之本心相見相照，而有同體共命之感？

普世的價值不是侵略，那是一種匯流、一種融合，喚醒彼此皆爲宇宙兒女的事實。

母女一來一往，毫無冷場；我更頻頻以微笑和點頭表示我的興趣和欣賞。

女兒再談到幾年前，至今未熄的美伊戰爭，談到海地在颶風摧殘後的慘景，談到全球性的經濟衰退、談到多少國家瀕臨國家破產，最後，談到台灣的現況……。我專注的聽她引述有據、條分縷析，心中暗驚女兒的成長……。她卻戛然而止，臉上竟突然淚珠成串而落！

媽媽，妳知道嗎？在國外十年，每日起床後的第一件事，就是看台灣的新聞，家鄉一舉一動，都讓人牽牽掛掛，真是生在那裡，根在那裡；心緒沉靜時，腦中縈迴的都是台灣的事、台灣的美；台灣政治經濟如何、社會教育如何……，以及走過的土地、嚐過的美食、讀過的學校、遇到的人事，不論清晰模糊，都在那裡，穩穩實實的佔著心的一個角落；「它們就是我生命的一部份」……。

我們乾脆泡了一杯咖啡繼續說、隨意談……。

我指著電視上正播報的美國大選新聞，談談這個：在美國建國二百三十多年後的今天，在民主體制下，可能會誕生史上首位非裔總統——在歷經漫長的衝突、對立，到今天的接納、相融，這之間曾付出何等巨大的代價；就這一點，怎麼看？

她繼續說，這位先生的出線，有很多「天時、地利、人和」的因素，包括個人的努力、團隊的優秀、人心的思變和國際的普遍支持……。但，下星期，當這位父親是非洲肯亞出身的後裔，站出來揮動雙手勝出時，會是多麼令人感動、鼓舞的民主成就！

膚色、種族……，終於不再是絕對的障礙，美國獨立宣言中，人生而平等的呼籲，也終於全然落實在漫長歲月後的今天，這個國家，才真正展現了它的力量——力量在融合，不在分歧；力量在良心，不在權術；力量在努力，不在優勢；以及永遠懷抱希望和理想——人們共生共榮共享的理想；凝聚這樣的人心，是多麼扣人心弦！

成功不是偶然，成功也非必然。偶然只是機遇的問題，決定成功的關鍵則是一路是否捐棄自我、著眼大局；是否「開大門、走大路」——不借權謀私心，但問良知大我，並有盱衡情勢的能力，體恤人心的襟懷，帶動全民走向一個大方向、大格局——消融對立，兼容並蓄，一念一行，不爲個人利害，不爲族群利害，但望爲後代子孫開創一個不再敵對、攜手合作的新局新世界。

我略略作結論：東西方的政治哲學，不是相互輝映嗎？

所謂「明天會更好」，不是就在今天的努力？今天，有機會奉獻、有機會實現時，去親身創造、親身實踐——過去種種譬如昨日死，今日種種譬如今日生，大家同心協力於今天，是非恩怨俱往矣！用今天的時間去開創明天的幸福，以及個人的、社會的、國家的更有意義的生命，不是我們應該念茲在茲的嗎？

台灣的紛擾，有沒有一個因素是：大家都認爲自己是最大的受害者！「被迫害」的心理，似是一個永遠塡不滿的黑洞，別人如何補償也塡不滿，何況，所謂「補償」未必可得，所以，不只是從政，任何人，要先面對、解決的是自己的心理問題。

是的，媽媽，歷史上多少大事不是由一些小事引起？豈不知星星之火有燎原之勢？

政治人物必要敬慎，莽撞容易抑制難，但切莫成了被人利用的棋子或被「挾持」卻無所覺，切莫訴諸激情，激情不免盲動，盲動之下，會想不起初衷、想不起原則，什麼「大是大非」也無從分辨了，在衝動中的「熱情」驅使下，只有破壞，是無法爲自己的「理想」跨出任何正確一步的！

我少見女兒如此正色陳言，不由笑她一句：說得正經八百，太超過了！還是少說話，會讓人說你們知識份子只是空言高談！

但是，做母親的我卻被激出一番議論了！

對，女兒，我想起兩句話，一是「除心中之賊難」，另外是「憤激成災」，雖是古書上的話，倒也可放諸四海，歷萬古常新。試想一個人想對付別人、打敗別人，是會有機會的；但終有一天，他會徹悟：要制服的、超越的，是自己、是自己的心。原來，縱然有所向無敵的本事，加以形勢看好，可以掃盡山中之賊，但到終來可能應付不了自己內在的心魔，心魔盤踞，以致處處防禦，人我之間，非友即敵，界線分明，高牆林立，如何能爲己爲人打開通往和平、安樂的道路？心賊蠢動，是很大的悲哀，因爲自己都控制不了啊！

再說「憤激成災」，人被仇恨所攫，以爲仇恨才能使他有力，其實如同孤注一擲，不是自毀，就是乾脆拋出怒火，災禍在所不計！

人，幸福之基本，即在放棄心中仇恨，滅掉心中怒火，才能生存，也才能拓展生存之路。如果，一呼一吸之間，時時忘不了曾有的傷害（當年如何被打壓被欺凌被不公平對待），心理的黑暗必如影隨形，但覺全世界都相欠，都該還他公道；他甚至以爲此生之價值即在求此公道；在這種念頭下，他心裡永遠不會平靜，獲得再多也不滿足，因爲，他不肯讓自己的傷口痊癒，他緊抓著「受傷的過去」「痛苦的過去」而不肯原諒，仇恨、偏激所至，玉石俱焚，在所不惜！生命之幸福，遙遙無期！

女兒眼眶又紅了，照媽媽這樣說，仇恨的癥結是自己心理的問題，這是否太難了，是否要有很高度的自覺和超脫，才能「遺憾還諸天地」、才能網開數面，一面放自己，一面放他人？

媽媽，和平怎麼這麼困難？中國古代哲學不是有很多打破差等的呼籲？不是幾千年都在倡導「大公無私」？人若一念提昇，視角放遠，個人生命渺小短暫，爲大我盡此一生多壯麗輝煌！爲何古聖先賢苦口婆心了幾千年，那些語重心長的話還是只停留在課堂裡？高中上四書，怎麼進不到生命中去？讀過經典的政治和社會菁英，爲何走不出自己的糾結？人我區別、敵我意識爲何這般頑強？

停一停，女兒，不要這麼傷感……。

此時，CNN電視台主播正訪問一群小朋友，談論即將舉行的美國大選，小朋友直率天真的暢談心目中的英雄，也表示參與的興趣和期待；訪談結束，小朋友又唱又跳了一曲，可愛純真的模樣終使女兒破涕爲笑！

我們忍不住喟歎：即使爲了下一代，政治人物是否也能暫停腳步，檢視一下自己的言行，會帶給孩子們什麼樣的影響？

同時，在舉世人心不安的此刻，在難挽狂瀾的今天，這豈非大家學習「相濡以沫」的時刻？拚個你死我活，壓縮彼此生存空間，這難道會是一路奮鬥的目標？

回首看歷史，或許有新悟而扼腕；但人生現場，總是渾沌難明，這就是人生的困境，困境當前，或應「潛退」「藏器」「待時」，忍耐得住，才有伸展之機；切莫爲情緒牽制，成爲一場場枉然的悲劇，以致冤冤相報，何有盡頭！

我們沉默著。這一往一來，竟不知夜幕已垂……。

女兒作這樣的結論：媽媽，人與自然一樣，山巒有起起伏伏、流水有曲曲折折、浪花有高高低低，人生沒有不同……。

嗨，去國十年，妳真是老盡少年心，怎麼這般感慨！好啦，今天到此爲止；我們要看生命的美好，不要陷溺於沮喪。我們去煮一頓美食，我起身走入廚房，女兒隨後進來，抱住我的腰，剛才那個詞鋒俐落，悲憫淚落的知識份子，已回到幼時一般，在我忙時，喜歡跟前跟後，或索性靠在我的背上，對我作最甜蜜的告白：媽媽，妳就是最美好的一部份，至少，妳是我生命中，最美好的一部份……。

〔附記〕

一、今天，我和女兒各交了一位新朋友，我是芝加哥大學校園內的小松鼠，她是前往學校途中相遇的一隻貓。

法學院圖書館前的草坪上，常見一隻小松鼠到處獨自嬉戲，我童心乍起想上前陪伴，她卻捉迷藏般在我身邊忽東忽西；只覺兩隻眼睛在豔陽下如兩盞小燈，尾巴倏然有力，搖擺間始終不給我仔細端詳牠的機會。

今天，決定帶片麵包前往，我才出現，輕輕一喚，小松鼠一照面，就引來一堆家族向我衝來，結果是我落荒而逃！

二、這天，偶見路上一隻小貓，在女兒嗨了一聲後，突然就跑上來，蹲在女兒褲管旁，磨蹭著不肯離去；女兒就蹲下身來，伸手撫摩一下牠的背部，小黃貓竟然就自自然然地偎在她身旁，甚至翻轉身體，緊緊挨在女兒腳邊；我們都沒有養貓的經驗，一時還有點心慌；女兒抽「腳」離去，小黃貓還嗚嗚個不停，女兒也頻頻回頭……。

人與動物，均爲自然之一體，看來各有領域，各自生存，我非彼等之主人，彼非我所豢養，猶能渾然無間，相親相近；爲什麼同爲萬物之靈的人，卻常見壁壘分明、互不相容、仇視終生呢？

宗教我思

一、菩提樹蔭下，安寧有望？

友人寄來了幾張旅遊照片，介紹一些歷史悠久的教堂，並以數筆交代背景，竟多爲數世紀戰火後的遺跡。

因未詳史實且一時無法查考，我對「宗教戰爭」不予置喙。惟何以立即握起筆來，乃在心中別有感觸。這些經過修葺後的美麗教堂，大都未留下曾有的「傷痕」，後人流連於此，多敬畏其崇高之教義或風格獨具的建築；徘徊於斯，少有追溯歷史的唏噓，所謂宗教戰爭云云，只是過往的煙雲；曾經壯烈無比的追尋、曾經驚天動地的創造、曾經響徹雲霄的呼求，皆如秋風之過耳，颯颯而去……。

我細看著眼前一張一張幻燈片，似看著人類一步一步的前進，復一步一步地後退；

宗教？戰爭？戰爭？宗教？在我心中擺動；我閉上眼，也似有兩股力量在心中拉扯：光明與黑暗、希望與絕望……；一浮一沉、此起彼落。再睜眼對照這些散發迷人魅力的影片，我竟想問：這一磚一瓦中，有多少生靈的血淚？漫漫歲月以來，那無以數計、前仆後繼的信徒，在此以身以心爲祭，渴求收容、渴求撫慰、渴求安頓！卻在殺戮的威脅下一再倉皇而逃……；哀哀失歸所、何處是吾家？不同的時空裡，上演著重複的故事。尋覓再尋覓生存的樂土，創造再創造心靈的歸依，但求一個休憩之所，一個讓驚惶的靈魂得以安歇、得以庇護的懷抱。

是的，教堂，正如母懷。在迅雷飆風驟雨交加的時日，無家可歸的生靈渴望著兩臂的相擁——一個無差等無私心無條件的浩浩胸懷，恢復對生命的信心、生存的希望和做爲人的尊嚴與價值。

可惜的是，戰爭依然如影隨形，安寧的菩提樹下，只是一個個短暫的夢！宗教世界也不能倖免於人類的相殘，甚至是更慘烈的殺伐——翻開歷史，因宗教衝突而引發的戰火更讓人不敢目睹，決裂決絕決無補贖！救人的宗教竟和毀滅的戰爭歲歲月月廝纏不休！

何以如此?宗教的淵源、宗教的內涵和宗教的儀軌或有不同,然其教義精神無可非議,愛、幸福與生命,可謂不同宗教裡共同關注的焦點,是人類一致追求的遠景;落實於宗教的信仰上,成爲人類生存最大的動力;然則,何以宗教戰爭仍一觸即發?宗教戰爭云云,是以宗教之名行戰爭之實?那麼,人,就是最大的問題了,人,一手高舉平等、博愛,一手製造衝突、對立;這人與人之間的愚弄,這人與人之間的操控,才是悲劇一頁又一頁的根源吧!

二、信仰照亮人心最幽暗的角落

這些充滿宗教故事、精雕細琢的建築,載負了多少人類匍匐掙向光明的希冀,那些伸出的雙手,向天際的眾神、向心中的依靠、向唯一的信主,全神貫注的祈求、呼告,一代傳一代,生命故事反覆循環;教堂見證人間的悲歡離合、生老病死;它也匯聚眾生的生命而形成碩大的「生命體」,徬徨疲憊的心靈,在此獲得滋潤的力量,在此卸下一切的重擔:盔甲、鐵衣、面具……,而歸真反璞,在教堂內,在母懷內,生命得到完完全全的釋放、徹徹底底的清洗,獲得接納與包容;愛、歡笑與和平,不再需要企求,它們就在心中，宗教喚醒了它們。在教堂內，眾生一律平等——都是母親跟前的孩子，正分別以不同的傷痕，接受母親一體的悲憫而得以療癒的孩子！

應該是這樣吧！

教堂應該是給予生命信心、安全與期盼！

教堂應該是與戰爭隔絕的！

然則何以人類生命史裡、宗教史裡，仍不免繼續是血跡斑斑？眼前這些堂皇典雅的教堂建築，當年也曾血流成渠！

這些屹立數世紀的建築，究竟是告訴我們，這是人類邁向光明與幸福的里程碑，還是警示後人苦難之綿綿無盡？

何以有史以來，戰爭即無時或已？宗教是最初、也是最後的庇護所，卻無法照亮人心中最幽暗的角落；人性與神性的結合也不能超拔生命的苦難，人生的試煉，人類的悲劇，豈非永世之宿命！以致世世代代掙扎於救贖與毀滅的循環中，這豈非後人憑弔教堂遺跡時內心的起伏？

人，若放棄征服、放棄妄想——不以強者之姿凌駕一切、統御一切，是否即可避免

無謂的戰爭？這個思考或許簡略。

人類史上的英雄——生命救贖者，是在其擁有的天賦異稟的活力，還是在其一顆悲智滿懷的心，而且有力量召喚信徒同樣的柔軟。這個思考是否也嫌簡略。

什麼方是生命的根源？人生不能只是試煉一場，人，應有權利擁有當下之平和——苦難褪去，生命再造；宗教賦予人性再生，這是否才是核心、才是最切要的思考？

生命，在宗教裡最尊最貴，卻在宗教戰爭裡如此卑微！對立雙方徹底踐踏！這些眼前的教堂遺跡，能驚醒多少人心？

我們不能不想：鮮血染過的東西太殘酷！淚水濡過的東西太悲愴！世世代代以來，人們爲了強調自己的存在，進行了太多的「聖戰」，從事了太多的劫奪，在這樣的史頁中，宗教是否也受波及？腥風血雨的戰爭如何也出現在宗教世界？我爲人心渴求宗教而悸動而傷懷，但也滿懷鼓舞與嚮往。

三、熱血相傾，是對生命的最高表示

是的，我不忍讀歷史上的政治鬥爭、宗教衝突，也怯怯探討箇中的形成和演變；因爲，大大小小的戰爭皆與人性背道而馳。尤其睹書中「斷頭台」之圖片，幾令人血液冷凝。

人，非爲征服而存在、非爲控制而存在、更非爲毀滅而存在！

也許，我們不用追求太多的超越，也許，我們不用建立太多的偉業，以證明自我的存在；也許，人，只需在此時此刻，但望一顆清明之心，活出對天地萬物、萬象的感動，不就是一種「我在」的最大真實嗎？

人類的血脈應是光熱的源頭，照亮自己、溫暖他人；人的鮮血絕對不爲犧牲而存在；熱血澎湃也是無盡的禮讚與感恩，這才是生命的最高表示。

人的智慧應可找出一條流血之外的道路，不再追求凸顯的自我、勝出的自我，讓生命以自然的姿態，淋漓盡致的展現，也讓放眼所及的生命「你在」「我在」「大家都在」，一起享受四季、感受生命的芬芳。

這些是痴人說夢嗎？不，青青草地，浮雲朵朵，其「機」無限，供你汲取，供你採擷……。徜徉在宇宙這個無盡的「有機體」裡，是基本的人權——不向外求，向內審視，人人本有，一息之存，與之並俱。

何以，人忽視並遠離了這樣的「人道」？

我嘗思：受過苦難的人，並能於其中提煉智慧的人，會放下爭忤，會徹悟衣食之外，生命可在無欲無求之中，活得如微風拂過原野一般輕盈自在！

是的，經過苦難錘鍊的生命應更開闊，不再懷恨報復，不再憤憤不平，成熟的人不會啓動沒完沒了的戰爭！

且將一腔熱血向生命，熱血不爲憤怒而奔騰，熱血爲愛、爲和平、爲生命的共同幸福而澎湃！

我看著友人寄來的旅遊照片，看著戰火中倖存的教室……，想著宗教、想著戰爭、想著人的問題、生之問題，尤其是生之無所歸依、生之進退失據等問題……，在秋風瑟瑟中，我的心和我的筆，都似乎也輕輕抖動著。

此夕此心——豈說得盡這不眠夜裡那難以消釋的悵惘！

四、信仰之外，我們做了什麼

我亦思：宗教滋養善念，助人向上，無可質疑；惟充滿熱情的生命在走出宗教的殿堂後，是否能回到人的位置——在這個位置上，除了信仰的加持以外，我們爲自己、爲他人做的如何？

人對神明的敬拜是可取的，如同自古以來，我們對天地之膜拜，都有豐富的文化內涵。敬畏天地神明也象徵人有無窮提昇之可能，不致全然屈從於個人的侷限，進而向精神世界作更多的開發，因此，信仰在人類發展史上是一座座擎天之柱。

但，人之血肉性靈皆待成長，今日之理念可能是明日的偏執，善惡也常在一念之間，前進的路上更可能遍佈陷阱卻渾然無覺；所以，人須除了信仰的力量之外，在很多獨處的時刻，尚須不斷的自我省察，即時的「回頭轉腦」是生命趨吉避凶的最大關鍵。

因爲，人，太容易忘掉教誨，但自身刻骨銘心的教訓可鐫入生命。

人類的生活中，必須正視一個事實：任何美好的東西、有價值的事物，在急遽變動的人生中，都有可能變質扭曲，甚或在不自覺中成爲傷人的利器或「幫凶」——人類社會中舉目可見的剝削，利益結合之下的壟斷、不擇手段的爭逐，可能都有一些堂而皇之的名義；宗教世界並非高高在上，並非不可質疑；血肉之軀，天使瞬間可爲魔鬼，在人的世界中假宗教之名的爲惡，有不爭的沉痛事實，更遑論宗教戰爭？趕盡殺絕，令人髮

指！因此，人，是否可經由信仰而克服私心，經由信仰而更柔軟，這不全由外力，必待心心念念之自覺。

我的重點是：當個人的力量不是來自人性的深度體察，並由此產生理解與同情，人，依然會在可怖的妒嫉與狹隘的心胸中，因爲私心與貪婪，掀起大大小小的戰爭，豈由天災？人，在自我毀滅。

必須徹底解決生命體的內在問題，這或是信仰的根本所在。若身陷惡浪，只是緊抓一根浮木，本身毫無泅泳的意志與能力，結局依然是令人擔心的！依賴攀附都是不牢靠的，能否獲得永恆的「平和安樂」值得憂慮。惟基督教云：「永不絕望」！令人鼓舞！

永不絕望！信哉斯言！我切切祈求：凡吾生命，永不絕望！

漫說愛情

赴美已五十天，女兒習見媽媽在孤燈下，傾一腔熱情，寫教育寫萬物；拋一片苦心，寄眾生寄親友；秋詩篇篇，寫不盡的感懷；世事飄忽，說不盡的憐惜；連芝大校園內的小松鼠，路旁的小黃貓也都被攝入筆下，怎麼不提生命中另樁大事？

不是說「情之一字，所以維持世界」嗎？

這如萬花筒般、豐富又變幻的世界裡，人心底層最深的企望是什麼呢？

這小小的方寸，承載生命諸般重量的支點是什麼呢？

生命的開始、維繫、連結、創造……，源自於什麼呢？

也許可以寫一些，曠古至今演不完，台上台下一起入戲的愛情故事……。

但我枯坐多時，無從下筆。

這是個「大哉問」，答案有千千百百種，言情小說也有層次上甚大的差異；同時，

愛情一方面是俗情世間的生機活力，一方面又是極其的幽徵與奧秘；誠所謂「不識廬山真面目，只緣身在此山中」，亦所謂「未到千般恨不消，及至到來無一物」；所有主觀的感知不等同客觀的事實，即令客觀的事實也瞬息多變；因此，本文只能試作探索、試作聯想，將這人生大事略略漫談一番，不免以管窺天，但庶乎亦有近之。

愛情自何始、從何終？其實是一個謎。雖然可以歸諸某一因素，某椿事情，但，情愫之滋生，常是莫名所以，也不保證其後是幸運的成長或不幸的凋萎，「不成長，便凋謝」的自然法則，在愛情的世界裡也是鐵律。不得灌溉的花朵終不敵天命的無情，乾枯而落，指日可見；有情雙方細心呵護的愛苗，才有盛開怒放的期盼，期盼生命如花籃般的美麗。

什麼才能滋養情田裡這株脆弱的根苗呢？我試想：帶點傻氣談情，最是可愛。不想得失、不慮成敗；帶幾分嬌、帶幾分痴、幾分迷糊、幾分不知厲害；懵懵懂懂進場，方是愛情世界可人兒；精明的情場老手，欲進還退，撲朔迷離，把個清純的愛情弄得渾沌複雜，完全扭曲了愛情的原貌；若多情而至濫情，更是扼殺愛情的兇手；得隴望蜀、見獵心喜，更不識愛情爲何物。愛情絕對是一對一的關係——非關道德、不是禮教，愛情之本質，必然爲雙方整全的相投，虔誠且專注，才能完成愛情；此時之心滿意足，是對所愛無比的感謝、尊重與眷戀，因爲，這樣的美好是彼此成全的。

再問：相不相信「金風玉露一相逢，便勝卻人間無數」？相不相信「曾經滄海難爲水，除卻巫山不是雲」？人間確實有「殊勝」的因緣。遇，是人間的功課；不遇，也是人間的功課；前者，教人珍惜遇合、知福感恩；後者，教你隨順自然、達觀以應；兩者都是不易學習的課程，但，絕對是人生必修的學分。

因此，不必再問：還相不相信愛情的存在？它雖飄忽難覓，但有時近在咫尺，卻失之交臂；待回首時，驀有所悟，已是「山長水闊知何處」；或個人情怯，眼見伊人漸行漸遠……，放棄愛情，等同生命的枯槁，也幾乎是對人生的放棄！

再試想、生命過程中，是否經歷或觀察過什麼呢？

是否看過一對情侶，在甜蜜的約會後，猶依依難捨：你送我、我送你，躑躅又徘徊；待終於上了車，一人車上，一人車下，猶渾若無人般，兀自唇語相示：「我愛你、我愛妳……」說不膩千次百次……。

是否有過爲見情人一面，不惜顛簸一日半日，舟車輾轉，只爲那半時一刻的相聚！回眸一笑，足慰千里辛勞……。

或者，是否經歷過這樣的「荒謬」？二人偶然相遇，卻似舊時相識、半生熟稔；不克制地、一股腦的，竟將彼此的今世前生都傾給對方，彷彿此時錯過，今生再覓無蹤；完全無設防的、無機心的、句句流自胸臆，恣意大膽的、自己也驚異不置！

是否也有過這樣的渴望？這件事、這個情況、這個感受；要找他、要告訴他、要和他分享……，分享此時此刻，分享生活的、生命的層層盪漾或片片異采。

是否也有過這樣的心情？是這般不同於平素的態度行止；伊人面前，就是滿懷柔情忐忑，自自然然的輕語、自自然然的嬌態；不是造作，也非虛假；兩情相悅，即若「兩小無猜」一般。愛，使人找回童心，尋回本心；你一言、我一語；你一來、我一往；忘記年齡、忘記身份、忘記之前的靦腆、忘記現實的籓籬；陶醉在二手聯彈的樂聲中，只看得見對方的笑顏，聽得見對方的呢喃；愛情世界，是沒有界線的兩個天真孩子的互相玩耍，也是兩個疲憊大人的互相取暖；愛情的滋潤，使生命被清洗、被擦亮。啊，幾乎忘了，自己是這般的可愛！

兩人世界裡，也有專屬於二人的私語和私密；愛情，是一個私人的港灣，也只供一舟停靠，在無人的岸邊，連「孤寂」都甜美異常，放眼天寬地闊，生命因愛情而伸展，你在、我在，這是一個何等自足自得的天地。

相信了嗎？曾經擁有嗎？那麼，愛情又是怎麼發生的呢？

前文說過，它是難解之謎。它是「得來全不費功夫」，它不是能策劃經營的東西；當它倏忽而至，你會驚訝的回不過神，是或不是，似真似假；明明看到特殊的眼神、看到欲言又止的神情；明明聽到自己不聽使喚的心跳、明明聽到午夜夢迴中赫然跳出的名字；愛情一旦產生，即如生命之流決堤，心靈的積愫，若「春心託杜鵑」、務要啼盡方休！

是知愛情之來去，無蹤跡可覓、無道理可說、無規則可循；它大致掌握於命運的巧手——可能創造一則則傳奇，令人頌贊；也可能如一首首輓歌，令人低迴；二者皆可歌可泣，笑中帶淚，淚中帶笑；誰能爲愛情的發生和結束下一個人人認同的定義？

真正的愛情是「不立文字」的，它以千姿百態出示於人；天真無邪之所見與過盡千帆之所見雖大有不同，但，在愛情之前，二者無分軒輊，一律俯首屈膝，任誰也不是愛情世界中的強者或統治者，個人必待虔誠謙卑近乎膜拜，才能領略箇中三昧，此時亦是「悲欣交集，廓爾無言」。

我們終於確定：愛情之契入人心，如同活水注入生命，而且是智慧的活水，它之豐

富深邃，足供人品啜不盡，那滴滴甘泉，激化人的迅速成長，也是強力的脫胎換骨之機。至此了悟：愛情乃生命之源，生命爲唯一之所有，以唯一之所有獻於愛情，復以愛情沾漑唯一之所有，這何等壯麗！因此，呼吸、淚水、歡笑合而爲一，生命與愛情相互融合、相互激盪，足以補贖一切——天下滔滔又如何？美中不足、好事多磨又如何？在這小小的宇宙裡，相愛相惜相扶相持的二個人兒，在這一刻自有他們的圓滿！

然則，愛情真是如是簡易單純、「將風雨關在門外，將溫暖留給一室」嗎？我們不得不說：不！這一個不字，真是有千鈞之重！

前文亦言，愛，要帶一點懵懂，才能全心享有；要洗盡靈魂塵埃，才能全然投入，此時唯有一念：所愛之外的一切，甘作乾坤之一捨！這，需何等透徹、復何等考驗！

若以此爲高論、以此爲不切實際、以此爲囈語，而不屑爲之；愛情必然爲一時好景，曾經多少良辰美景佳人佳期，都只是來日一場場飄零的夢憶……。

因此，必須體會：愛情絕對不是偷窺、攫奪、竊佔或者交換——這一連串的舉動，充滿自私與機謀，充滿欲求和虛榮，結果是，愛情全無容身之地，它成了包裝的禮品、成了誘惑的手段、成了生活的配飾、成了一張通往目的地的車票……，它實質的生命正凋謝，愛情在失去「清純」之後再沒有存在的價值了。

是知愛情就是愛情，它可以含蓄、蘊藉，但不迂迴、不壓抑，就是「以我心，換你心」，回歸它的本質。

更待理解的是，愛情，是無法打預防針的，即使它強大到可以讓你「長夜痛哭」，殘酷到將你推下雲端，你驚恐莫名、痛徹心肺、哀哀無告、四面無援——你也無法全然預知；但，在經歷這樣的「無情」後，存活下來的生命，增長了多少勇氣與智慧！慧命竟是在幾乎「氣絕」之際，一息復甦之後，造化給予的補償！

巨大代價之後的慧命，足以讓人由衷「無悔無怨」。

愛情是什麼?還需再說嗎?

也許可以很平實的說，愛情是忘我的、愛情是不怕示弱的、愛情是無法摻假的、愛情會無端端淚水漣漣、愛情會隨時萎縮；或者，也可以說，愛情有時會讓你氣惱，甚至明知它不可能、不可能有明天，但，依然令人情深款款，年復一年的等待……。

也許沉重的說，愛情的確有「無可奈何花落去」「還君明珠雙淚垂」之憾……!那「一朝春盡紅顏老，花落人亡兩不知」也確實淒惋至極；但是，人生不就是上下求索的

永恆追尋嗎？

此中真意：情天無恨！

愛情就是「各人所遇所作，各自承當各自受」。

還相信愛情嗎？還願意、還有勇氣愛一場嗎？

活著一天，爲愛情呼吸吧！爲愛情長歌、爲愛情落淚吧！不論成敗、輸贏；但期真切、深切！

是的，滄桑之後，仍堅信愛情是「清純」的人，是生命場上不交白卷的人，不論演出的內容爲何，都必然會勇敢進場、含笑退場——愛過、被愛過，醉過知酒濃，此後還醉不醉，各人選擇吧！

親愛的女兒，我應妳之請，寫這篇「愛情」；切勿再問我，那裡是永遠的息肩之所？也勿再追問：愛情的桃源何處？我亦不會要求妳讀後的心得，愛情本是「如人飲水」的問題，妳且慢慢品味吧！

母親寫於二〇〇八年十一月十日

雙月誌感

我尚醉在異鄉秋色正濃的繽紛中，似一恍神，空氣就變得冷凝了。

今日，我如常走在層層落葉的路徑上，左顧右盼、似驚又疑，前方的那一株大樹，在我九月中旬初來時，猶披著一身盎然的綠意；十月之後，它悄悄地換了一身澄黃；才幾天前吧，改以一派照眼的紅豔相迎；今天，赫見只是一株枯乾的老樹般，粗粗細細不一的枝幹在寒風中勉力的互撐著，竟是一片葉子也留不住了……。

這一切，彷彿是「一夕之間」變換的！

一夕之間！

一夕之間，世界可能變了樣，外在環境、個人際遇、內在心情，都在我們永遠不及準備的情況下，來又去、生又滅……。這，就是自然嗎？在內外境交互不斷的變遷中，人，有多少力量招架造物的這一手？

遠遠近近、萬事萬物，都在這一夕之間演變著……。

這六十天，我試著記錄下來，試著將我見、我聞、我思、我感，一一存諸筆下，一個月前，寫完「滿月誌感」之後，我陸續再寫了「潮州街的溫暖」「十一月」「母女漫談」「宗教我思」「漫說愛情」「閱讀自己」等篇；客居情境，往往別有所思、別有新悟；也往往陷入幻境，耽溺其中，心痕履痕，但求紀實，亦至少為「珍惜當下」之證；即使物換星移，情隨事遷，一切如雪泥鴻爪，但我二個月來，在此燈下的苦思、留下的筆墨、灑下的清淚……，必般般結晶下來；讀過的眼、相應的心，必知我念念之千迴百折，都在生命的不同課題中吧。

生命的感覺是如此真切，生命的變化卻又如此難解；握筆之際，我不斷聽到心靈深處的嘆息——這個問題是碰觸不得的、這個問題是沒有解答的、這個問題是不得解脫的，即使大思想家、藝術家皆然；天地萬物，盛衰消長，雖有跡象，然於此著墨如盲者摸象；「天機」豈可輕露？即令有所窺探，也是心中一凜，放下便是！豈敢以「先知先覺」自視！宇宙無極，何可窮究？窮究亦無極！何況碌碌如我？千慮一得或只是「痴人說夢」，生命之究竟渺渺茫茫難尋；觀人觀己，俱在有限之天賦中各自盡性盡命，安能妄想有所洞察而超拔？心力兩疲，更是無可逃脫的事實！

劉鶚先生亦云：「多一份靈性，多一份哭泣」，何必鎮日牽掛憂思，徒然自惹自苦？幾度思量幾度擱筆，但覺生命之真義要付出極大的代價才能在「痛定思痛」中略悟；才能保持高度的韌性與彈力，在造化之手連番播弄中，幾個結實的筋斗後，終得翻出了自己的習氣，也翻出了自己的人生。

但這其中挺立的力量，是來自生命內在的深度自覺，在複雜詭譎的人生課題中，以簡馭繁，以常馭變。我曾在「芝城隨筆」中第一篇「一念清醒」中，引用沈家楨先生對世人的勸言：一、不要以為一定有明天　二、不要批評　三、不要為煩惱所轉；我對應為：一、人生無常在眼前　二、人貴自反　三、安住當下。每思其中「不要批評」一句，尤為警醒！至人乃常、言近旨遠，這看來平易之句，真是多少人生問題的核心。「批評」是人我之前最常見的習性，不知不覺的輕率論斷彼此，是人生顛倒、是非善惡渾沌，造成一片迷霧的主因；我曾戒慎自己，即使面對子女學生，也當謹記：不要批評、不要責備；吾人之能力在積極之引導、正面之示範，嚴詞厲責和率意批評即使「語重心長」，卻是一點一滴地腐蝕著、摧毀著人我之間共同的成長；改善與造就一個更好的自己，或是

幫助對方、愛護對方的最高表現；每見人我肆意批評、互相傷害，我頓覺不能不寫、不得不寫……。我遂以一枝筆，對自己對生命作深深的檢視和聲聲的召喚。

本月中所寫的「十一月」，不只寫秋，行文重心在抒寫對生命與時間流逝的感懷，美麗與哀愁似爲生命必然的旋律，透過十一月，處處得以見證；「母女漫談」中，探討的主題仍屬嚴肅，但執筆的心情是數篇中最輕鬆的，孩子成長之後能與之促膝傾談，是爲母者最大喜樂；代代互相學習，激活著我們逐漸僵滯的心靈，也帶動孩子拓展更活絡的思路；「宗教我思」一文，我段段用心思考，卻段段難以下筆，一來作客異鄉，案頭無任何資料可檢可詢，我雖盡力避談宗教與因之而起的戰爭，下筆聚焦於人心於宗教之倚靠和期盼；行文中，深刻感受人心之無助在無力克服自我，以致依然故我，苦痛依舊；我完全無意責求，當我寫到「人生不能只是試煉一場」，談到宗教賦予人性之啓發與再生、賦予生命信心與希望……，我的筆和我的心，的的確確在深秋的夜裡輕輕抖動著！

趨吉避凶，自求多福力量何在？我不禁想哭！

「漫說愛情」一文，我想把它寫成一種「最溫柔的藝術」，但，力有未逮。握筆時，心中想讚頌它的柔軟又堅毅，卻又揮不去〈釵頭鳳〉中「錯、錯、錯！莫、莫、莫！」

的淒涼婉轉；這樣的拉扯，使筆下的「唯美」，添了一層哀傷——近乎絕望的配樂；我亦無意於此。愛，確實是最可貴的生命能量，它釋放生命，如此動人；它綻開自己，如此美麗。

但人間情愛，古今大致是「情難酬，愛難償」，此中之曲折茫然非文字所能盡述；我避重就輕，願人間兒女將幽秘難測的愛情導入日常，在俗情生活裡相扶相持，二人並肩攜手爲生活、爲兒女而奮鬥，亦可謂愛情之歸宿與圓滿之結局；莫迷惑或執著於性靈層面的深度契合而苦苦尋求，否則亦如金箍罩隨形，終生不得解開。我寫此文，想血肉之軀的眾生之種種承受……，內心不無淡淡哀愁，不知何以救人救己於鐘擺般之人生？不知如何平衡生命之熱切渴望與徹底失落？不知如何自刻板與厭倦之中脫身，而得以品味當下的人生？

我遂徹悟：千絲萬縷解不開，只有回頭之一途；此非悲觀放棄，「捨」是人生旋乾轉坤之匙；有「出離」之力，方有自主之機……。

我切切寫來，無關宏論要理，只期寫些我對生命的體驗和感悟，野人獻曝，但感其一念真誠即可。

若有一意貫串數篇，即是「不斷學習」「不斷成長」。生命每一個面向，都是如此不可逆料、不可掌握；但這也是它精彩豐富的所在。我們唯有且走且學、且學且走，將那得失成敗、悲歡離合，一一收納於生命中，消釋融合爲生命之新機新局新氣象，或無愧平生辛苦。

我非說理說教，願有緣讀此的人，知那日日夜夜伏案的苦心。

千般事、萬般情，常如飄零的落葉，季節變換，時移世轉，一片也留不住了。一夕之間多少演變？

未免有情，誰能遣此！

二〇〇八年十一月十五日　赴美六十天誌感

試探命運

此文本爲上萬的長篇，惟付梓前夕，我毅然揮之，只留下各段標題和部份內容。我終究在長時思考追索之後，深知命運確實不可說、不可解、不可避；知命、安命、順命云云，亦不必我在此重複斯言，「如人飲水，冷暖自知」，個人體驗，寸心自知。但，爲何還留下片言隻語？切切爲自勉勉人。畢竟，它們是生命的「一步一印」。

一、試解命運：

1. 命，乃自然所賦予的一切；運，是運作這份天賦的過程。惟生命難求圓滿，是謂之「限」；在命皆有限制之下，如何造就自己、活出自我生命的光輝，或創造一個新生命，這是人——首出萬物者獨具的特質。

2. 如何運命？當知如何運「時」運「勢」？所謂時機、時會、因時制宜、待時而動

等，都證明人間自有一股助力，可以「搏扶搖而直上」成爲「當令人物」。知「時」即知「機」，知「機」則從容，從容則沉穩、沉穩則睿智，才能進而揮灑，退而休養。

3.知命、知時，必知與時推移，潛退以養望、養鋒、養慧，爲未來再放異采蓄積能量。

4.人生所忌在「不甘心」「不服氣」，人人各有其命、各有其運、各有其位、各有其屬；「天時、地利、人和」，乃「天賜良機加上蓄養有成」，二者結合，水到渠成，無一絲僥倖。

5.強者，在能制伏自我一腔不平之氣，知時知勢知命，意氣自平；若不識命不識勢，必枉費心力、虛擲時光，浮沉終生。

6.命運確乎如猝然斬截一切的大手，它壓頂而來，任何抵抗皆爲徒勞。勢不可爲，寧作乾坤一捨，才有「絕後復甦」的一天。

7.命運不可征服，心存敬畏看天命，心存謙卑看命限；浪頭不可揚帆，勿輕作搏命之舉。

8.命運之前，「靜」字常放心頭；「無奈」之語少言。

9.聚散難解，可付命運；個人成敗，宜自家承擔。

10.命運乃「客觀環境的存在與演變」，知命是智慧、順命是坦然、運命是擔當、造命是氣魄。

二、命運與個人的關係：

1.個人的活動是在限定的命運之下，二者不可分離，且佈滿互爲因果的痕跡。

2.個人有自我毀滅之可能，悲劇不能盡歸諸命運。

3.智慧疏通二者，助命運與個人和諧共存。

4.以警覺之心看命運，不由其擺佈，在致力於自身之涵養器識。

5.認知天命，知所惕勵；盡其在我，克盡天職。

6.不解之處交諸命運；可盡之人事，由自我完成。

三、命運與自主之間：

1. 自主爲何？但看是否能與自己相處，這是一項指標。
2. 不與自己廝殺、不與自己纏鬥，不敗在自我一念一行中，是自主的首步。
3. 能與環境融合，清楚自己當下在環境中的位置。
4. 在此環境中，我能做什麼、不能做什麼？
5. 能有與自然一體的體認與襟懷，生命，終始都是自然。
6. 自主，不是在命運中作困獸之鬥；自主，乃莊嚴的肯定自我之價值。
7. 面對無以著力的現實而因應順服，並非放棄自主，乃是了然因緣流轉而得從容自在以赴。
8. 自主，非與命運一決勝負，而是以自尊自信、自立自強與命運平衡相對。
9. 從意志到行動，從知命到運命，人生不論成敗必然精彩。
10. 心智可以進入命運的世界，在其中也依然運用自如；所謂「操之在己」，即指這份力量。

四、如何看成敗？

1. 常爲自我一時狂熱遮蔽
2. 終生無力擺脫既成的習性
3. 能自我樹立者在能「革新自己」
4. 表象的圓滿裡，必有一處漏洞在滴淚滴血
5. 眾人皆有「幻覺」——恩寵云云，使人深墮其中
6. 找到自己的天命，做自覺應做的事，即不受成敗所制。

五、人人皆有生存危機：

1. 我們總是在追求錯誤的東西，總是在誘惑中、迷惑中（自掘陷阱）
2. 我們不自覺陷落於生命中最可怕、最無望的「腐蝕」（放棄自己）
3. 沒有足以支撐自我的價值觀（越發心虛）
4. 我們看不透因果的關聯（欠缺內審）
5. 我們穿不透人情的詭譎（執取表象）
6. 我們解不透事理的變化（受制主觀）

六、再造慧命：

1. 決定自我的價值
2. 建立自我的信念
3. 一概承當的態度
4. 理解困境的緣由
5. 以良知面對褒貶
6. 接受自己的有限
7. 鍛鍊自我的意志
8. 睿智的洞察
9. 優雅的自制
10. 深刻的悲憫
11. 堅強的面對

打完這篇論文的標題後，夜，真的深了。窗外正飄著雪，下週即將歸去，結束我在此三個月的停留。夢中醒來，忽然思及此篇，披衣而起，重閱「試探命運」，但見洋灑萬言，佈滿了質疑和扣問，我自問自答、自答自解，但行文間仍或明或暗，旋伏旋蟄；頓知「大惑，終身不解」。

因此，筆鋒一掃，揮盡千迴百轉之思；我端坐桌前，直視本心——走過這般歲月，命運之痕，如此清晰，豈落言詮？豈待探索？且留標題，言近旨遠，但看各人體會……。

我只消說：活著，即與命運繾綣纏綿，生死以之。

我不禁熱淚盈眶。無言擲筆。

二〇〇八年十二月五日三更

存在的焦慮

今日，我在想：在生命的意義中，生命的欠缺扮演了什麼角色？這是人生根深蒂固的問題，因爲它終始相纏，不容漠視。

宗教以面對生命的缺憾爲基來投射人生，印證生、老、病、死的意義所在，此中多著重於「自覺自證自悟」的契機；而西方哲學則多以外境之收穫與成就爲人生美滿的體現。惟其根源的問題，都充滿了「存在的焦慮」。

今晚，我試圖從此角度出發，粗作探討，以歸結「存在之焦慮」與「人生之意義」二者之關聯。

讀經每有所思：宗教不期我們作任何的投射，而是坦然如實的面對生命的欠缺，念此真欲淚下。是的，我們是逃不了、躲不開的；即使不拒不離，當下也有處境的艱難，「泥濘路」總在瞬息萬變中；多少掙扎，多少徒勞！劫後餘生，惴惴難安！此時，我們當怎麼轉化我們的生命？回首多少愚痴——不肯面對真實，不肯承認殘缺，盲目衝撞，生命束縛愈大，原來壓抑自我生命的蠻力不在外境，而在吾人的恐懼，我們以逃避和麻痺來掩飾恐懼，如是，我們永遠不明癥結所在，直到我們「力竭汗湍，殆欲斃焉」。

因爲我們背負了太多，也妄求了太多——不能體察、不能接受「自我的欠缺」，即永無天空海闊飛躍的一天，匐匍中，我們益發侷促不安！

有一本小說描寫的悲劇人物，即明指「他是執著於當時已不再被珍視的過去的價值觀」，因而，註定是現實裡的悲劇人物；這是更大的存在焦慮：失衡、失焦、茫然無所措又動彈不得的焦慮。

當我們用心於人性的探索、生命的理解中，猶不能自助自救，那麼，我們永遠是沒有出口的，任何奧援也解決不了自家內心的問題，當「靈魂」受了傷，人不「扭曲」者幾希！即使時過境遷，但後遺之「自我迫害」卻是永無休止，那是絕境——自我的纏鬥，永無解脫。

因此，基本上，人是脆弱的，再狠的人依然；人是有限的，再強的人依然。風騷獨領，如短暫的虹彩；活著，是連番的跨越；此一時，彼一時，我們正在經歷變化的人生；

恩怨是非，成敗得失，如萬花筒之切換，我們唯一清楚的是：目不暇接，人生如幻……。

生命確然有不可理解的荒謬和虛無，當終能勇敢面對，再回歸日常時，種種荒謬與虛無，俱似一場夢境而已。吾人環顧四周：卻是無痕無跡……。

因爲欠缺，造成生命的不安；因爲受創，造成生命的焦慮，即使資質如鶴，也有鎩羽之時；此時，吾人是否能擺脫如影隨形的焦慮？這即是修行之所在，也是存在最深刻的問題，更是生命意義的開展——如果吾人能從焦慮中闖出一條路來。

除此而外，存在的焦慮亦來自「得隴望蜀」，來自欲求不滿的心，如陷落深井，幽暗帶來的憂鬱與無望緊緊攫住我們，我們活得多麼黯淡，多麼卑微啊！

至此，我們該如何認真的檢視自己？若得劫後餘生，當怎麼看待過往的歷史？怎麼面對此際的徬徨？又怎麼確定未來的出路？

存在的焦慮，是人的限制。無人倖免。我們只能擔自己的那一份，在自己的欠缺上安身立命，或可與焦慮和解。

第五篇　芝城小品

密西根湖畔

芝城小品

一、一念清醒

偶閱一書，其中提到：對佛學素有精湛體證的沈家楨先生，曾提出如下警惕：

1. 不要以爲一定有明天
2. 不要批評
3. 不要爲煩惱所轉

三點指示，簡要有力；言近旨遠，若暮鼓晨鐘。

我讀此俯首無言，衷心感念……。

每思哲人皓首窮經，「結晶」之果常常只是隻語片言。

惟此平淡數語，卻意蘊無盡，且切實受用。

沈先生悲智雙運，叮囑吾人：

1. 生命無常在眼前
2. 人貴自覺
3. 安住當下

一念清醒，但期回頭。對己慈悲即對人慈悲，反之亦然。

二、天地之心

不記得在那一本書中讀過：當年納粹德國包圍整個列寧格勒，有百萬市民死亡……。那是一個黑暗的時代。

但在同時，俄軍艦隊裡的幾千名海軍，竟然在硝煙密佈之時，紛紛閱讀陀思妥耶夫斯基和托爾斯泰的作品。

我只記得讀此一段時心中的震動！

因爲他們的作品充滿「生命」。人，在最絕望無助時，或能徹悟：我最需要什麼？我需要能給我信心和希望的東西，我需要「生命」來安撫我的生命！

哲人的心、學者的心，即在爲天地立心，立什麼心?立一個活下去的理由、活下去的盼望！

充溢生命力的作品，最不迴避生命中的黑暗，眾目睽睽揭開陰暗，正爲了在其中點亮一燈——一盞「不要怕」的亮光，無懼黑暗，就有光明。

恐怖的劫奪會過去，慘烈的殺伐會過去……。

哲者、學者執筆時，就是要爲煙塵滾滾的天地立這麼一個「心」！

三、充實之美

昨晚，偕女兒至中庭散步，見兩樹之間，明月高掛夜空中，格外瑩澈柔和；我們靜默相對，沐浴在一片清輝中。

感覺恬靜安寧，就是一種充實。紛亂的心不是一片荒蕪，就是一片虛無；美與愛，無從生存。

只待沉澱，將人間煩惱（是非恩怨意義何在？）淨除，內心回歸如眼前朗月，生命之光輝綻現。不假外求，復何等真實、充實，是謂「生命大美」。

四、順服自然

今日在芝城密西根大道購物，店員頻頻稱我與女兒如同一對姊妹花。女兒故意嘟著嘴，我則笑納。

真是如此嗎？當然不，寒暑遞變，何嘗留情？年輕與否只是感覺。惟「新衣」無助感覺。保持清純的心，或是感覺不老的秘訣吧！

其實，歲月之跡，有痕無痕，豈由得自己？順服自然，不爭不忤，平和以對人生滄桑吧！

五、柔和伏嗔

每思「柔和伏嗔」，即覺醍醐灌頂。它，絕不會一躍而起，來個你死我活；也絕不會橫心妄爲，不惜玉石俱焚。

當怒氣陡生，瀕臨失控之際，當思：我此怒爲何？能濟於事嗎？我若放任怒火熊熊，

結局如何？

不能不警惕，嗔心乍起，若不調伏節制，必然若出柙之獸，破壞無可想像。

尤其重要的是：嗔心是羅網，墜入其中，受傷最重的是自己，「騰焰」之後怕是面目全非！

待多少涵養，能成就一顆柔和之心，怕是人生最艱難的功課吧！

六、歇一會吧

我很喜歡和女兒各據一桌，各自埋首，她看她的書，我寫我的「胡言亂語」，偶而，母女相視一笑。

當然，我比較不專心啦，我總是不時看著窗外見不到一絲白雲的藍天，再停留在女兒一張靜定的面龐上；她瘦弱的肩膀上卻承載著學術的氣魄，她研究的主題範圍很寬，內容更是不斷演變發展，她需要「眼觀四方、耳聽八方」，需要搜羅爬梳，旁徵博引；日日沙裡淘金，何等耐力！獨立思考，何等卓絕！

「學術訓練」時時鞭策她日新又新、精益求精，這條道路復何等漫長！

但我何必擔心？她在走她的路。我只需傾聽、去了解、不必給太多「意見」——「熱心過度」的母親是不能給滿腔宏願的孩子任何建議的，我只消欣賞她的勇氣、豪氣，給予她鼓勵、祝福即可，是不？

學術道路如人生任何一條路一般，都不免考驗重重，當她一步一步走在其中，我是無法上前去為她搬動任何眼前的大石的，她，必待自己發現、自己用心如何順利的走過。

孩子，我仍想說：歇一會吧！生命（包括妳的學術）是永無止境的拓展，慢慢來，妳會有更多的發現，也不致在過程中遺落了什麼……。

七、博君一粲

（一）昨日，芝加哥論壇報電子報有一則報導：披露當天該報點閱率最高的是，共和黨副總統候選人裴琳的一張「裸體漫畫」。聞此令人發噱。

我在電視上親見兩黨候選人都一派義正辭嚴，發表政經政策、國家遠景，使命感十足；而今晨這則漫畫顯然「隻字未提」，只在裴琳的外貌上發揮；而點閱率之冠，顯示有相當比例的民眾，在觀看的同時——也是面對國家經濟衰退的同時，腦中想的是台上這

位風韻猶存的裴琳女士「另外的樣子」；可見，人是如何的「多樣」「多面」，復「難知」「難測」。

這不是什麼多元一詞可以概括的。

人啊，是極易「搞懂」，又很「搞不懂」的動物，我們很難從一個人的一本正經中窺知他內在的意念。

一髮之下，多少奇想、異想，登不登大雅，合不合情理，管它呢，略略一笑吧。

（二）今晨另一則「新聞」，提到日本正發動一場替海豚減重的活動，目前正全國性的展開。

日本或許覺得發胖中的海豚不夠健康與美觀。

老美報導的角度顯然不解，這——有這麼嚴重嗎？列入花絮，博君一粲。

日人或較喜苗條（對胖子有歧視哦），連對海豚發胖也難以忍受；對照芝城觸目可見的「重量」，顯然也是「民族文化差異」之一吧。

八、街角一幕

街角，猝然伸出一手！「給我五塊錢」，伴之壓抑粗嘎的哀求……。這是在極度繁華、文明，全球頂端時尚精品充斥的芝城密西根大道上，我和女兒彎進巷子進餐時，遇到的一幕。

全球經濟的衰退，似乎無一地倖免，窮富皆面臨新的生存挑戰，當然，對之前即已窘迫的窮人更爲嚴峻。

在這深秋日暮時分，芝城下班後鼎沸的街頭，大家行色匆匆，街頭藝人各個展其絕活令人目不暇給……，這一聲壓抑粗嘎的哀求，很快就被淹沒了，誰也沒有聽見，誰也沒有駐足……。

他們，仍不時出沒在街巷，猝不及防地向你伸出手來……。

歡樂自歡樂，愁苦自愁苦。貫穿市區的芝加哥河似以一逕的超然觀一切……。

九、靜觀自得

（一）微塵觀：

或近或遠、或小或大、或虛或實、或無或有；微塵亦有因緣。

觀微塵，姹紫嫣紅處它添花，斷井頹垣處它送炭，微塵亦是有情；有情註定飄泊，或迅疾、或輾轉；今日在此，明日天涯，微塵也具足生命要件。

（二）山河觀：

「青山原不老，爲雪白頭；綠水本無憂，因風皺面」，「風雪」過了，青山綠水依舊是自家面貌、本地風光？

常言：山河依舊，人事已非。若此，山河似爲永恆、似爲實體，然擴大觀想：一朝風狂雨驟，一夕天搖地動，山爲之走，水爲之失，在在有不可逆料之劫！

如是，恆定如山河亦非實相。「白頭」「皺面」都在因緣之中，山河亦無可脫逃。

（三）名利觀：

名利也，匹夫無罪，懷璧其罪。

試思：名滿天下，謗亦隨之；名之於人，乃枷鎖乃桎梏乃十方無情之冷箭。利之於人，則今日朱樓宴客，車水馬龍；明日利空出盡，門前冷落；竟日爭逐，竟是黃粱一夢！名利場上，更不免與人時時「爭一日之短長」，日有消長，疲於奔命，究竟所爲何來？身陷其中，絕無可能「現世安穩、歲月靜好」！

揮揮手，乾坤一捨！何不趁此時花好月圓，且歌且舞一番！

（四）嫉妒觀：

這是人類現象世界裡，最令人嗟歎、頓足之一觀。

嫉妒於人，豈止「非理性」？這是一把無情火，人性在此烈焰中毀之殆盡！

尤可怕者，在延燒及己，陷入嫉妒火中的人，沉重到無以復加。原來，自我的信心一併燒毀了。

不能自知自信的人才生嫉妒，一念一念把自己推向地獄。

因此，嫉妒是一大關卡。關卡前，是凡夫；關卡後，脫胎換骨令人驚豔。

（五）因緣觀：

萬法因緣生，萬法因緣滅，時時處處可爲實證。

那麼，在一片因緣籠罩之中，就沒有一點「永遠」以慰此生嗎？

我以爲：那就是「心靈碰觸的火花」，能夠超越緣起緣滅；而繼續保有其生命的，就在這一點星星之火種。

人與人之間，這一點靈智之火種，使兩個生命有了巧妙的連結，不可思議地破除了

外在籓籬、內在障礙，讓因緣——延續下去。

即使時過境遷，因緣亦渺不可尋，但，曾經碰觸而擦亮的火花，足以照亮彼此的一生。

那麼，因緣生滅又如何？吾之靈府已刻下永恆。

十、留住人性

就在剛才，CNN午間新聞中的一幕，讓我立刻回到書桌，我一定要把它寫下來，寫下那張張無辜、驚恐又充滿渴望的小臉……。

新聞主題指出非洲剛果這個窮困的國家，連年內戰不休，年幼的孩子也被迫上戰場，他們不明白大人的世界在做什麼，只看到天天的殺戮，他們也可能隨時被殺。

國際救援組織注意到了剛果的這些小孩，悲憫的慈善家想到藉由音樂與繪畫來幫助飽受內亂摧殘的孩童，希望能安撫和宣洩他們內心的恐懼……。

報導中終於出現另一幕：一群剛果的孩子，終於能把槍放下、終於能揮動著畫筆、終於能張嘴唱歌……，音樂繪畫開啓了他們的心——人性也隨著天真的笑容綻開來。

這是根源處的救援，為剛果的孩子留住了人性。
這些孩子不知、也不懂人間有安寧
這些孩子不知溫暖、憧憬為何物
他們像斷了翅、注定奮飛不了的鳥兒
他們只知道槍聲、殺人和被殺的廝吼和哀號
他們只知道逃跑、躲藏……
是唯一活著的方式
他們擁有可以赤足奔跑的土地　卻是
動亂、動亂、動亂！硝煙、硝煙、硝煙！
除了哭泣，為飢餓、疼痛而哭泣
他們不懂吶喊、不懂問天
甚至來不及哭泣
子彈已快速掃來
絕望的世界　驚恐的靈魂

什麼才能
點亮幢幢人心
留住奄奄人性

二〇〇八年十月十二日　於芝城密西根湖畔

第六篇　湖畔手札

密西根湖畔

給兒子的一封信

兒子，寫下你的名字，媽媽的世界就再也容不下其他什麼了，儘管你已經大到是「完完全全的獨立」；已有你的世界、你關注的焦點、你生活的重心；你也可以海闊天空的去遨遊，喜愛你所喜愛，追尋你所追尋；你伸展的觸角探索的越多越廣，你的人生就越發開闊與自由。

這些年，從你大學畢業，我即從一個母子關係中的核心角色逐漸適應默默旁觀；我不擔心母親份量的減輕，相反地，我慶幸你的成長，分享你的茁壯，也感動於一個小男孩，彷彿一夕之間，不，也許也等待了很久，儼然已是可以獨立面對外境、獨立解決問題、獨力承擔人生的男子漢了。

這個過程，不容易表述，也不必列舉實例，但以母親角色的細膩，是清清楚楚的確定：我兒已長大了。

兒子的長大，意味母親不必再念念牽繫、殷殷呵護了嗎？不，母親只是轉爲後勤，或化爲燈塔、化爲前方的星光——遠遠近近、不斷企望繼續照亮、繼續守護她終始的摯愛。

我生你時，因難產而緊急剖腹，提前四十多天生下的你，襁褓期間，非常瘦弱，不時抱起你，就往兒童保健醫院衝的往事歷歷在目；你受寒時，以爲直著入睡能使你較爲舒服緩和，我就整夜的抱著你，讓你躺在我胸前、枕在我的肩上，這樣一夜環著你，哄你入睡；有時你喘得哭鬧不休，我會慌得跪在床邊，沒有宗教信仰的我，只虔誠的一再祈求……。

當時我很忙，在私立中學嚴格的要求下，我必須一整天的時間待在學校，工作繁重到燒盡我所有的精力；不得已之下，送你到褓姆家，以爲在同一層樓，可免你風吹日曬，卻不久發現那對觀念偏差的夫妻對你的傷害，我起初以爲二樓孩子的哭聲是正常的現象，直到確知真相，立刻抱你離開，心痛到上不了樓。我抱著你站在樓梯間，緊咬著嘴唇，告訴自己不能哭，我要面對現實，明天還要上班，也必須馬上爲你找新褓姆或托兒所。

這時，你剛滿二歲沒多久……。

匆促找到一家托兒所，他們接受了有時還需要包尿布的你，你是他們收的幼兒中年紀最小的。自此，不論晴雨，早晚我就抱著你，或背著你，送到隔二條巷的托兒所。我只能一隻手顧你，另一隻手要顧當日須發給學生的考卷或帶回家要改的作業。

一直難忘那一天，我同樣抱著你，在下著大雨的清晨趕著送你到托兒所再去學校；可能是睡眠的不足，可能是需要撐傘的緣故，也可能是你的吵鬧─從溫暖的被窩中你被我硬拉起來，套上鞋子就出門，有時會鬧些脾氣─我的腳一下不穩，旋即有些頭暈，下意識要抱緊你，以致撐傘的手滑掉，夾在你我之間的考卷散落在地下……，情急之下，我要你站在我的腳上，我慌忙去撿拾淋濕的考卷，再趕緊抱起你，此時只能想，快去托兒所，不能在這時候哭……。

千託萬拜托兒所的老師爲你換乾衣，然後跑去學校。一整天我擔心著你是否受寒？擔心著、擔心著，不知如何平復下來……。這個階段，我不怕疲累的折騰，但我一時找不到如何支撐自己的東西！

這個時候，我在工作上的投注使我受到學校的矚目，學校總是把某個年級的實驗班

（所謂成績最好的一班或稱直升班）交給我，這無疑也更增加了我的壓力。但生活就在不容喘息的狀態下，竟然也日日的過去了。

直到你進了小學，氣喘的狀況竟然不藥而癒（當然，媽媽曾經整個冬天、整個冬天的，小心翼翼的以免你感冒）；你有著所有小一生的天真可愛。但第一天上課，你就沒有按時回托兒所（當時，你已晉升爲「安親班」），我下課後未接到你，原來步履蹣跚的我，一驚之下就飛奔在國小與安親班之間，一街一巷的尋找；我按著快要跳出的心臟，卻按不住激湧橫溢的淚水……。當我看到蹲在家門口的小小身軀，完全忘了去安撫一臉驚惶疲累的你，只不停叫著：你去那裡、你去那裡？不是說好放學那也不能去，只能去安親班……。我重複叫，又赫然發現你的新褲子竟然濕了，又再叫……，你也叫：我打不開門嘛！人家急嘛！你，或許早已不復記憶這些令媽媽驚嚇失魂的往事……。

那個晚上，我爲你洗好澡，你如常的在我身邊安然入睡（小時候，你喜歡在臨睡前玩一會媽媽的頭髮，這個習慣延續了很久很久），我拿下你放在我頭上的小手，看著你稚嫩的面龐，又疼惜又自責剛才的吼叫；你這麼小，就因爲媽媽是職業婦女的關係，從托兒班開始到小一前，已上了四年的幼稚園，國小了，你仍要留在安親班等媽媽來接，沒

有即時的熱飲熱食，沒有及時的安全溫暖；我的心好不捨，第一次，我拂開書桌上堆積的考卷，趴下去……，承受著一個母親面對子女安危等時的無助與無措……。

小四之後，在你身上的「特質」就令我時驚時喜；當時你的導師是個相信體罰的女老師，當你在課堂上，不時見到老師抽打同學或命同學相互懲處；你不滿的態度，觸怒了你的老師。

常常，我在上課時，驚見你的出現，你一臉無辜不解的徘徊在我的教室外……，一次、兩次……，你囁囁的說：「老師叫我去找媽媽。」爲什麼呢？這是上課時間呢，你說：「老師趕你出來……。」

我不得不去看你的老師（你就讀的國小，就在我任教學校的隔壁），獲得的答覆竟然是：「聽說妳是名師，我們學校畢業的學生家長，都想把孩子送到妳班上，也因爲妳直升高中；妳既然這麼棒，妳自己管教自己的孩子！」我連連致歉，同時，連夜寫一封長信和這位老師溝通與共勉，也爲你「不滿老師打人的態度」一再致歉……。但我沒有得到回應。

後來，有很長的一段時間，我都掛心著：如何讓你認識「人有很多很多種」「事情有很多很多的不一樣」以及「我們要原諒不懂我們的人、不喜歡我們的人甚或因此而傷害我們的人……。」；也花了很長很長的時間，試著讓你明白「不要懷恨，不要記怨」「怨怒一個人是對自我重複的傷害……。」但是你太小了，如何能體會？

你開始逐漸拋向我很多難題；從對「現實」有些許認知後，也開始有了「怒氣」，你說不喜歡上學；你不明白爲什麼媽媽的學生會那樣喜歡媽媽，更不明白媽媽有時描述，和學生之間「甜蜜蜜的感覺」。

在此，我自然不必多提之後一連串的「問題」（這難道不是生命成長與我做母親都必經的關卡？）但有一兩個回憶是值得我們記取的。

這時，你升上了小五，開始迷戀漫畫和電動，你常常忘了時間，放學後，我站在約定的地點，總枯等不到你的身影……。

你留連在電動玩具店裡，那裡還記得媽媽的叮嚀？我一次一次被你丟在校門口，疲憊與焦慮使我再度陷入曾經有過的無助與無措……。

那一天，我在又被你放了一個多小時的鴿子後，終於在隔鄰社區的電動玩具店裡找到你，裡面嘈雜、混亂，年齡不等的青少年散在各個角落；我來到你身後，專注於遊戲

中的你毫未察覺，我仔細看著你——我親愛兒子的臉，表情竟如此認真，好久未見你生動的眉眼、上揚的嘴角……。我愣住了，這不是我一直期待著的兒子快樂的表情嗎？我看著你反應敏捷，心情高昂；我的心，我緊繃的心，突然鬆開了……。你回頭，嚇一大跳，我笑著說：我們回家吃晚飯。

真的，你打電動的表情好迷人。那般全神貫注打電動的兒子的臉，那種「清純」、那種滿足，從此深鐫在我心版。

我驀有所覺，頻頻自問：我不是一直自許要好好陪伴孩子成長嗎？陪伴就是分享、共享；但我多年被籠罩在害怕、憂心和失望中時，我是否也忽略了很多很多的東西？如果我是一個激怒的母親，我如何讓我的孩子對我敞開心懷？我看著逐漸成長的你，提醒自己也要做個不斷成長的母親。

接著的轉變來自你發現了籃球，自此，展開了與籃球十多年密切的關係。籃球，成了你少年時代最豐富最美好的象徵。也是你開始備受磨練、嚴厲考驗的新階段；你是早產兒，先天體質清瘦，並不具備成爲球員的條件。但你愛上籃球，自小五至國中至高中至大學，你與籃球，可謂一日不離。

小學尚無很大的升學壓力，見到你時，手上總是捧著一顆球；漫畫逐漸被封存在你的床下（我曾訝異你如何能如此一集一集地儲存了那麼多完整的漫畫集，難道它們是你以所有的零用錢換來的？）電動遊戲顯然也被你打入冷宮……。

也深刻記得那一天，我回家時彎到社區籃球場，那天冷雨瀟瀟，偌大球場只有一人，那是我兒！我原心疼你為何在寒風中，還在那運球、控球、投球、撿球；你卻似樂在其中，不厭的重複著同樣的動作，那全場躍動的、但依然看來單薄的身軀，突然令我震撼—兒啊，我看到你堅毅的內在、我看到你執拗（有時真令人氣惱）中的熱情！我看到我兒在年少時期的尋找中抓住了一些東西，我看到在奔放的球場中，我兒釋放著他的生命……，你，不僅是在揮灑你的汗水啊！你也在摸索、也在衝創！

從此，我不再埋怨籃球花去你太多時間；從此，我成了你的吶喊加油者……。下課後，遠遠地再繞到球場，見你跑來跑去的身影，我只感到心安、感到驕傲—我那自幼體弱多病的孩子，在這裡，找到寄託，找到所愛，也找到健康；球隊集訓更可以幫助你認識與人的互動，分工或合作的重要；我當完完全全正面肯定籃球對你的意義；我何必一逕憂心你不夠強壯的體形隨時被猛然撞倒（我曾不止一次看著你被壯碩的隊友或友隊撞

飛一般，再重重地摔在地上，我來不及出聲，即見你奮力爬起，繼續衝刺），我何必擔心你有所沈溺而荒廢課業……。籃球能讓你快樂，這一點就夠了，這一點對我，何其重要！是的，從此，我注意的焦點，是那一種球鞋可以減少運動傷害，你，需要什麼配備？更想不到的是，我是真的成了你的「粉絲」——你投籃的姿態讓媽媽無限著迷，球在你手中是那麼穩固又靈巧，你瞄一眼籃框，突的反身投去，都令媽媽屏息。

我也曾陪著你，在社區的山坡上，看著你在足踝處綁著鉛塊，沿著山坡上下數趟以訓練體力、訓練腳力；我自然是跟不上你的步伐，我氣喘吁吁的被你遠拋在後面，卻心甘情願地在上了一天班後，在夜晚陪著你鍛鍊，雖然不是天天如此，但那些星光下、月色下、子跑步、母伴隨的記憶，至今猶被我珍藏，那是一段甜美的日子。

兒子，這些，你還記得嗎？

國中時，你自然入選爲球隊的一員，南征北討是常有的事。國三後，我盼望你開展更廣的興趣，但你不爲所動。三年中，你不曾補過習，不曾參加任何才藝班，在很多同學被送去學英文學美術學音樂等時，你仍然只是抱著球奔馳在球場。我很高興籃球使你健壯起來，但也不免於一個母親的多慮，開始嘮叨著：諸如「這個世界不是只有籃球、生活裡還有很多精彩的事，你要給自己一個機會看看其他天地……」母親的心總是急切又自以爲是！有時，我也問自己：我們的信心爲何總是不足？我們常隨著世俗潮流的波動而去指揮自己的孩子，或以自己的價值觀去爲他安排什麼……。我們是否忘了，分享他生命成長的步伐，他的節奏、他的律動、他的速度……。我們是否能稍加等待：孩子在自己的成長過程中，他會自己去嘗試了解自我，在不同經歷中去發現自我潛能，在遭逢的挫折中，學習自己去分辨、去選擇、去決定，那一項學習最能澎湃、豐富他的少年歲月？

離考高中還剩三個月吧！那時還有春假，春假的出征後，你疲倦的躺在床上，隔天要模擬考，我注意到你的各科課本頁頁都是一片空白；很多時候你要請公假去比賽，回校上課，集訓之後又猛打瞌睡……。

我決定錄一段話給你，內容大致是這樣吧！

「兒子，告訴你一個階段一個階段的改變也是很棒的事，有些事情在某個階段暫時停止，並不代表放棄，目前顯然要考高中，我們是不是有權利去選一個籃球也很出色的學校去挑戰自我，你可能會遇到更多切磋、激盪，一起打球一起長大的伙伴……。」類

似這些媽媽的話，我不時放在你的桌上。

感謝苦心不負，你突然高掛球衣，開始讀書。高中放榜，從未補習的你，竟然以全校最高分的成績進建中，也創下了學校籃球隊的記錄（一般主觀或成見裡，以爲打球的孩子是學業成績低落者），學校還爲你貼紅榜。你以各科接近滿分的成績光榮的穿上了建中的制服。

大家以爲你天資聰穎，我卻知道你性格中潛在的毅力，在你多年爲籃球付出的心血中，我清晰的看到這個「特質」。

當然，你繼續躍躍於球場。建中人才濟濟，你初始只能旁觀，最後正式成爲校隊。隨之又展開一段段苦練的歲月，我總不明白籃球規則已熟稔的你，爲何仍不斷私下加強最基本的動作；我想你對自己的要求更嚴格了。你踏踏實實的想把每一轉步、每一舉手、每一彎身、每一跳躍，都做到令自己滿意的地步。

此時，我已考進公立學校服務，較有時間接送你上學，即使是下午的課，我也一大早開車送你，你若精神好，我就一邊開車，一邊唸唸有辭的爲你上「教戰守策」「陳情表」「六國論」……，你的眼一張一閉的，也不知道能聽進多少；你若雙眼緊閉，我當然只好一路沉默的把你送到南海路。

媽媽教書的工作，在別人看來清閒，實則有忙不完的事情，要備課、要出題、要閱卷、要改作業、要訓練學生比賽……，還有不斷要去了解全班四十多位同學的一切狀況；我常以一路陪你之心來陪眼前這群孩子；教書對我而言，充滿了生動的活力與無限的生機——對我對學生而言，日日有新的希望、新的氣象，因爲，我以愛子之心來接納和欣賞他們，我相信每個孩子都有不同的辛苦的成長歷程；我也在他們身上看到你的諸多影子，我獲得很多修正自己的機會。

這個時候，我是真正領略：作爲一個母親和老師，是我人生中最大的福報。

兒子，媽媽講這些和你不相干嗎？不，我要說的重點是：你，一直是我努力不懈的原動力，我的每一步的掙扎向前，都是來自一個作母親的省思：我也要以更好的自己來相應孩子的成長，我希望孩子終能理解：有限的媽媽只要用心，我們即有無限的可能；每一階段的突破，一程又一程帶領我們前進，爲我們的生命創造契機，不盡是成功的契機，而是真正自知自信的建立。我們終能肯定：我們未負當年的辛苦，未負曲折的歷程，千山萬水跋涉的本身，是如何在豐美我們的人生。

兒子，你現在不會再以爲我在說教了吧！你應該是親見親證媽媽是不折不扣的行動者、或可稱實踐者。

接著，你順利如願的成爲姊姊的學弟，進入台大就讀。四年大學生涯，你依舊離不開球場，你的超級粉絲已經由女友取代；媽媽識趣的只在清晨開車送你到體育館集訓。青春時光是無憂無慮的，四個春秋轉瞬過去，你決定先去服役。

同樣難忘的另一個回憶，是深夜南下左營新兵訓練中心去看你，媽媽蜷縮在座位裡，輾轉都是你一路成長的畫面……。清晨在訓練中心，枯坐的等候見你的時間，竟在一群蹲在地上，理著光頭的男生中，一時看不出那一位是我牽牽掛掛的兒子？分手時，我們都沈默，你在大門口，頻頻回頭，對我揮手……。

我確實在回程的車上留下了淚。

試問：母親的心是什麼做的？

肉做的心如何承受孩子自幼及長拋來的無盡考驗？

母心、母心，沒有詞彙可以形容母心！

我擦著淚，告訴自己，當孩子長大了，母親必須把他交出去，交給他的伴侶、交給社會、交給國家……。我必須交出那個自幼玩我頭髮，而今已獨自遨翔人海的寶貝兒子！

孩子，我寫這封信，不是爲了細數往事，事實上，二十多年的點點滴滴，已如長江水般的無盡；我只在這個晚上，在異國異鄉，探望姊姊的旅次中，在她熟睡之後，因思念你而披衣起身，未知一落筆，抬頭已經天亮。

兒子啊，我沒有絲毫道辛說苦的心，如果這些歷程中，我們艱難過，那些艱難都是福報的前身。事實上，在我前年暑期去新疆旅遊中，因爲難耐酷熱，在火焰山中暑，半夜在旅館因曬傷而疼痛不堪，下床找止痛藥，發現你留在行李箱夾層裡的一封信：你以一筆一筆工整的字跡，訴說著你對媽媽的憂心，你說不捨我遠行，不忍我吃苦；希望媽媽以後選擇美食之旅、泡湯之旅；不要再去跋高山、越沙漠或攀蔥嶺……。你說你心疼媽媽，望著「心疼」二字，我就呆坐在行李箱旁，頓覺臉上手上的紅腫疼痛不算什麼了，兒子的體恤關懷在此時此地能治癒我任何的傷痛。

孩子：長大，的確是要付出無以估計的代價和奮力通過層層關卡。但我們不是都安然走過來了嗎？如果，我們這一路上有過錯誤、有過教訓、有過迂迴的坎坷、曲折的境遇，有什麼不好呢？我從不期待我的人生或你的人生都是獎狀，我們當允許自己偶有失

誤和敗筆。但最重要的是，我們始終都是勇敢、真誠又堅強的走下來了，而且繼續向前！

親愛的兒子，很高興我寫完了這封信，用整夜的時間，在回憶如潮湧來時，我的每一筆、我們的每一階段，都彌足珍貴。

兒子，愛，使我泫然，但感激。

母親　於二〇〇八年十月一日寫於芝城

焉得更有此人

今天，赫然發現湖邊我常坐的位置，已經有人落坐；連延數公里的岸邊，卻有人坐進了這些天我選中的地點，稍一錯愕之後，旋即向前走去，天地之中，沒有位置是任何一個人專屬的。

對方顯然也是文字工作者，他的膝上同我一般擺著筆記本，他在寫什麼呢？他在與自然對話還是與心靈對話？

離去，再看一眼。那人正在振筆疾書，也不時瞇眼遙望遠方。「焉得更有此人」，我忽然想起古文中這一句，含笑走開。

我有我的好奇，他也許寫報告、也許記見聞、也許抒心得；更有可能，如我一般在此隨興書寫，「無所爲而爲」，悠悠天地一過客，寫，不意味要留下什麼……。

此地，湖水拍岸之勢有時無異海浪，遠眺湖水無邊亦不輸海洋，又兼有湖水特有的清麗幽雅。海，總是太遙不可及，歷史上多少英偉的水手向滔滔無垠出發，驚濤駭浪如

送別，遠去的身影格外壯烈。湖水則不然，即使揚帆遠颺，也有遊子浪漫追尋的氣味；海上的故事若史詩，湖上的故事則如詩歌，我則想寫一篇湖畔的小說，寫我在曲折人生裡提煉出的寶藏。是的，它是寶藏，一直閃閃在我心靈深處……。等待被挖掘的一天。

密西根湖大如海洋，有時起風時也能捲起千堆雪；近日岸邊大樹，有迅速轉紅的趨勢，真怕一不留心，它們全變色了；昨天還泛黃的樹葉，尚不及讚頌它的詩情，今日即已見紅葉片片飄落；「變滅須臾」是活生生的實景，連留戀都「猝不及防」，它們不容你傷感，它們以變幻的華麗續給你最後的慰安。湖邊小憩，常感受造物無盡的心意，我每每爲之澎湃，爲之低迴，略略化爲篇篇文字。

今天，又是誰，也在岸邊時而遠眺、時而凝思呢？

微風低語，浪聲如訴，他是否也在寫一個生命故事？

「焉得更有此人」，張岱當年遇大風雪日，雅興突發，半夜於湖心亭賞雪，偶遇同好同道之「痴人」，留下這千古名句。我則遠離芝加哥的繁華，日日躑躅於寧靜的密西根湖邊。（歸去之時，再望一眼背影，也不禁脫口而出：焉得更有此人！）

二〇〇八年九月二十二日　於芝城密西根湖畔

婚禮的祝福

今日漫步湖邊，一個小教堂裡，正進行婚禮。賓客散立在室外的草坪上，一邊烤肉，一邊跳舞，爲這對新人慶賀。

我適巧經過，微笑走過人群。右方湖水波光溫柔，鴛鴦在盡情戲水；左方大樹，樹葉轉紅，正似天然的佈景；向晚的時分，益增溫馨的氣氛。

樂曲太動人，我坐在不遠處聆聽。輕快的節奏洋溢歡樂的氣息。望著走向湖邊攝影的新人，他們正熱烈的與親朋相擁、接受祝福，幸福也在空氣中盪漾。湖邊舭籌交錯、盛裝交錯、紅頰交錯；微風如賀語，鷗鳥似天使。迴旋的樂曲，聲聲都在宣示：我們結婚了！

起身離去之際，我似也有所感染，拿起隨身筆記本，再坐下，讓我這遠方來的陌生人，也爲你們唱一首歌吧：

親愛的，謝謝你給我的快樂
　　謝謝你今後的陪伴
親愛的，謝謝你讓我成爲主角
　　而你則是我一生的主角
湖光水色，是我們的見證：
互許終身的刹那
我醉在你盈盈的笑意裡
親愛的，謝謝你陪我跳這支舞
　　我將是你永遠美麗的新娘
因爲有你，夏風如歌
因爲有你，秋風如詩
因爲有你，雪夜如酒
當年年春風臨大地
你仍然是我唯一的舞伴

闔上筆記本，我猶覺耳邊迴盪婚禮的旋律。再回首，我再度致上陌生人的祝福。

二〇〇八年九月二十日

於芝城密西根湖畔

缺陷是奇葩

今天，和女兒談到「缺陷」的問題，我們一致的看法是：每個生命都有他的缺陷，一致的結論是：缺陷，何必是缺憾！

缺陷，可以是另一種美，不論是造物的失手或是命運的玩笑，它都是一種不受控制的美，它難解或無解之姿，其實神秘又魅人。

不是矯情，不是自欺，缺陷有時真的是禮物或祝福。

我們見過越多的不完美不圓滿（以世俗的眼光看），越覺得此生所學所知所探所悉的何其有限；造化或許給我們有限的材料，看看我們能塑造出什麼奇特的驚喜！

因此，不必視爲缺憾。我們真的可以就喪失的或沒有的那一部份，去創造新的擁有，那是缺陷開得奇葩。

這有待個人「真參實證」。

但，換一個角度想，什麼是缺陷呢？

當你靠近一個人，即使是最傑出的人，你也會看到他的陰影，有時，不是「偶像的幻滅」，而是你已能更成熟理智的去正視「生命之難以整全」；尤其近距離的接觸，越過外在的光芒後，你看到的可能是人所共有的「缺陷」，包括無以克服一己的貪念、狹隘、妒嫉等，這些缺陷迅速使生命陷入黯淡扭曲……。

缺陷未經自覺自省，必然成爲絆倒生命的巨石，此時，就不僅僅是「缺憾」了！

缺陷是一朵奇葩，在千芳百豔中，它默默又堅持的創造著「傳奇」。

二〇〇八年九月二十一日

於芝城密西根湖畔

不尋不找

「昨夜西風凋碧樹，獨上高樓，望盡天涯路」，在經歷此境後，我們即開始人生「尋尋找找」的旅程。

尋找有大小遠近之分，有內容意義之分，有心態方向之分；都無礙無減它在生命中逐步加重的份量。

今天這個傍晚，我徘徊在異鄉的湖畔，難道我也在尋找什麼？

年輕時，可能被動或並不自覺的想去完成一個又一個的目標，想去擁有一個又一個的東西，想去實現一個又一個的夢想；它們不斷在每一個階段裡出現，它們驅動我們成長；但也有如影隨形的尋找或不具特別的意義，它可能只在尋找一頓美食，或尋找一件配飾，自是可有可無；即令去尋找一位朋友，尋找一個位置，其實也無法賦予尋找本身應有的深厚內涵或呈現它在生命旅程中巨大且潛藏的力量。

因此，尋找所內蘊的真義，或不在外在的斬獲，它的根基或原動力在精神的渴求，心靈的渴望，靈魂深處深深的呼告！我們將不計成敗的去回應它的呼聲。

我們是否或有一天驀然有悟，原來，人生中有很多東西是尋找不到的，翻過千山萬水、費盡千辛萬苦、尋之千度百度，終究竟是「大地山河無所有」。此時豈止「欲說還休」？尋找這個動詞，竟是一股徒然枉然的燃燒或過境千帆皆不是的無言惆悵。

「黃鶴一去不復返，此地空餘黃鶴樓」，佳人佳期皆杳，所尋所找，依然在另一個山頭，可望不可即，咫尺天涯，就是觸不到、握不住；尋找成了鏡中影、水中月。「空餘」二字何等心驚！

或謂尋找真理，尋找意義，或尋找幸福，都可謂是人生的大道，積極以赴，必壯闊迭起，但，只可問過程的價值，不可追結果的如何；唯可肯定的是，這尋找的過程，大大的提昇了生命，畢竟也不負了此生。

尋尋找找又待如何？人生飄若萍絮，聚散有時，遇合無常；若情無所寄，情無所託，不尋不找，守護自己，就地安住，或是最終的歸宿，也是究竟的真實。

二〇〇八年九月二十四日
於芝城密西根湖畔

付之一笑

生存的意義在「立德、立功、立言」嗎？「修己治人」我懂，「內聖外王」我懂，「成己成物」我也懂；「安時處順」我知道，「悲智雙修」我理解。

但，請勿笑我淺薄無知，我常思活著的最高價值，在能「尋樂有方」，「尋樂之方」，即在付之一笑。我們都有大笑之後，頓覺全身輕快的經驗，細胞甦活，塊壘盡消。所以，我以爲：呼吸之外，笑，乃活著的最高象徵。即使微微一笑，也是造化賦予人最幽微最深沉的能力。

獨樂雖好，同樂更佳；兩人相視而笑，仰天騁懷，那理什麼淑女風姿，君子行儀？就是笑到「不明所以」「莫名其妙」亦可，這是上天賜予人最公正最慷慨的禮物。

常看宗教哲學，泰半的思想集中於解決人世的苦難，讓「受苦」的人獲得指引或溫暖；爲「不幸」的人提供生命的依靠和心靈的庇蔭……。

所以，我們不斷的尋求，致力於知識的累積，修行的功夫，事功的建立，以證此生的價值。

但若主體生命本身，沒有清楚的自覺：此身此心不可補全之侷限，看似苦痛之源，實是救贖之機，一切追索，終必枉然。妄求的陷阱，處處皆是。

「悲情」非自怨自艾，束手無策；「悲情」乃莊嚴正視，勇敢面對。

以上種種，義正辭嚴，是否太沉重了、太沉重了……。

我們可否將那是非恩怨付之一笑，付之一笑就是「尋樂有方」。尋樂有方就是知命順命，笑看人間諸事；這也是一種自處、自在、自得吧。

試思：天地猶有不全，南北兩極似全無調和之可能；天地猶有不仁，哀鴻自哀鴻，祈求自祈求，眾生亦各自成長各自盡性，自家重荷自家擔；一夕之禍福，甚且至「無告」之境，古來「問天」何其多，答案又爲何？

你聽過曠野中聲聲哀鳴，淒厲劃過蒼穹嗎？

你知道人的貪婪、野心、侵略、傷害，大致根源他們的擁有嗎？

生存變得複雜，快樂如此不實，都在我們「癡望」得太多，而且假神聖之使命遂一己之私欲！

我們離「本質」越來越遠，我們讀的「理論」，談的「道理」太多，卻離自家「精神」越來越遠……。

是不是呢？我們是否可問：有時我們笑得不夠，答案就在這裡。

二〇〇八年九月二十三日

於芝城密西根湖畔

潮州街的溫暖

阿姨：

不記得是在什麼時候，我就開始這麼習慣、這麼自然的稱呼您了。

您一直說喜歡著我的信，當初，和您結緣，也始於信；只是，那些信是寫給女兒的，當時在「中副」連載，您覺得那一封封飄洋過海的家書，喚起了您很多過去的回憶，重溫了很多當年的歲月。

您就寫信給我，直書內心感受。

大概半年後吧，您邀我見面，訂在天津街一間懷石料理店裡，初見的那一幕，阿姨想必還記得吧，阿姨全家動員，您的女兒立群——頭上一支亮眼的髮簪，腳底一雙鮮紅的涼鞋站在門口，我還以爲是店裡老闆娘在招呼客人，卻見她笑盈盈的向我走來並自我介紹。

我被帶入店中包廂，原來，阿姨家人，除了在美國教書的大兒之外，全家都到齊了，我很想笑，是否是家人擔心媽媽，認錯人交錯「朋友」，一定要總動員一起「鑑識」一番。席中也很自然，大家笑說這是奇緣。那個晚上，是您這近十年以來，給我的第一個溫暖。

之後，您陸續與我通信，暢談諸事，您總是急切地用「限郵」，總是黑筆（您喜歡用一種較粗的黑色原子筆）一揮就是好幾頁，我因爲忙，很失禮的不能常回覆，您也不以爲意；您一筆瀟灑有力的字，實在不像出自「閨秀」之手，您又自稱「老嫗」，但筆勢大有豪氣；若由字看人，或難想像，您的嬌小體態，和充滿女性美的舉止；歲月雖不免留下刻痕，卻帶不走您的神韻。

曾經，您時常請人送水果佳餚到學校，您總說：「潮州街離成功高中不遠，沒問題。」我下課回辦公室，不時見桌上擺著各類水果，我說：「阿姨，這樣我心不安。」您說：「沒事，只是感覺妳瘦，應該補補。」後來我堅持不要麻煩，您還常念在心中，叫我添加營養；有時，您在館子裡吃到什麼好料，您也會告訴我：想帶我去吃，也不時約我參加潮州街的家庭聚餐。

慢慢的，您會跟我講許多當年事，您如何來台、如何結婚、生兒育女、與姨父伉儷相得……，您拿著十九歲的照片，讓我看裡面不折不扣的美人，年輕時清秀佳人的模樣，現在仍然可尋；您愛美，一定要輕輕描過眉，端整儀容才見人；有一次我見您細細的理容，簡直看呆了，我一向大而化之，也不懂妝扮，有時不得已需要稍稍化妝，也是大剌剌的就往臉上抹，那個化妝的順序，我是見到阿姨上妝才知道的。

隨後去潮州街，就像女兒回娘家，飯桌上，您總是要我吃這吃那，回去時，也塞這塞那；我常手足無措，覺得怎能受此盛情？但，您一直是如此，九年至今，都是如此。

您說，您總覺得不論講什麼，我都能懂，所以，就是喜歡和我說話，有一次您還跟我說：「我很愛妳」，神情就像個小孩。在這樣的童真童心裡，使我走出潮州街，走在熙來攘往的街頭，竟恍若隔世一般。

在這樣的愛寵之下，我也就真的變回了孩子，隨著您一聲一聲的叫我回家，我也就更習慣的一聲一聲的喊阿姨、喊姨父、視立群立愷姊弟如手足。立群年齡與我相若，也不時電話聯絡；尤其近幾年，我們更爲相契，逢年過節，立群電話從不缺席，也不時傳來一句：「妳好不好？」立愷任忠孝醫院牙科主任，還抽空去東吳再讀了法學碩士學位（這一點想必姨父最欣慰），立愷積學有成，正是綻放光熱之時。

姨父是法界前輩，作育法界人才數十年，門生故舊時來探望；尤其那一身「人文」的氣息是我有幸遇到的典範；有時去家中直接進您的房間看您，經過書房，總見到姨父尚埋首書中，我總有凜然之感。看到成就卓著如姨父，猶如是孜孜不倦，心中就注入了一些力量。

您曾小聲告訴我：姨父太有板有眼，連求婚時，也不浪漫；只寫一張紙條：「我們皆已成年，互相心意相投，我們成家吧！」我聽了忍俊不住，在此洩露，阿姨勿怪！

您不時地像個孩子，去年聽說我愛上唱歌，就時常邀我回家唱，有一次，我們一起在客廳裡唱老歌，您用細細柔柔的嗓音唱著周璇的歌曲，您帶著嬌柔的表情……，我驀然覺得其實您好有活力，雖然您一直爲病所纏，您的膝蓋也數度開刀，不能久站久行，但是支撐一個家，照顧一個家，您都像磐石一般穩定有力。

阿姨本望我退休後，能常去潮州街，但聽我決定出國暫住三個月，也只是說：「記得回來時先打一通電話，讓我知道妳平安回來。」

我不知道是那一種因緣繫住我們，但我曾想：所謂「貴人」，就是這樣吧！就是這樣無私無求的付出，就是接納妳，然後一毫不保留她的愛，也毫不隱藏、讓妳知道她的愛。

在這十月異國的秋天裡，我踩著滿地的黃葉，想到「黃葉舞秋風，伴奏的是四野秋風……」的歌曲，這是一首我們曾一起唱過的歌……。我想到您，想到我竟安然的享有您近十年的關愛……。人生因緣，何等奇妙！

您一直說喜歡看我的信，現在，我正在寫信給您，想見您收信時的笑容，我也爲之展顏。

您向別人介紹我時，常說是我的讀者；其實，這麼多年來，是我在閱讀您，並享受其中的「美景」。

感謝潮州街的溫暖。點滴心頭。言之未盡。

（謹以此文賀阿姨八十壽誕）

挪威峽灣

附錄一：五月花香中的傾談

附錄一：五月花香中的傾談

各位老師、各位親愛的朋友：

在漫漫歲月之後，在幾十年的教學後，在「行行重行行」的人生路走來，到今天，我站在你們的面前，首先想問自己：

我是否真的累積了什麼寶貴的經驗？

我是否真的一路踏踏實實、全心全力的走下來？

我是否真的具備了面對變遷不居的人生的能力？

在明知人生每一階段，之前、之後，可能都是「茫茫一片」，我是否真有一點洞察、一絲勇氣，篤定持續的自勉勉人——向無法預知的未來？

我頻頻自問，從今晨開始，我就不斷回首、不斷追索，過去的歷程，培養了我什麼？未來的歲月，又會是怎樣的步伐？坦白說，我只是決定在此和各位一起面對，一起探索，我沒有解答——人生的實相是人人有各自的背景、各自的際遇和各自的承擔；人人也有他獨特的眼力，看到他所能發現的風景；我絲毫不能爲各位解答什麼。所有自己生命的問題，核心都在自己，契機也在自己。

我原來只想作單純的導讀，爲大家介紹這本「當生命陷落時——與逆境共處的智慧」，但，轉念想到今夏我就要自工作崗位退休了，悠悠三十年，我心如波濤。又想到很多朋友，久未見面，我似乎可以擴大談話的內容，以此爲「臨別贈言」，也以此告慰自己與好友。因此，容我以這本書爲開場白，展開更多的延伸。

寸心雖一縷，綿綿豈有盡？

壹、生命陷落時　人生開展日

一、本書要點介紹：

閱讀本書最大的鼓舞來自於看到作者佩瑪．丘卓是如此誠實又自然的進行生命探索。

作者能於生命「解碼」，就是這份承載與超脫。

透入復透出，作者呈現了何等修行之果。他有一個勇敢又誠實的靈魂。

試摘錄數句點亮全書：

「天亮之前，最後的一支蠟燭也熄滅了，然後他哭了起來。他哭，不是因爲絕望，而是因爲內心終於柔軟了。他終於能體會世上所有生命的渴望；他領受了他們的疏離和掙扎；他發現只是一味地打坐是不會得到什麼東西的，只會更加孤立、更加掙扎罷了。於是他接受了——全心全意地接受——自己的憤怒、自己的嫉妒、自己的抗拒、自己的掙扎和自己的害怕……。」

二、閱讀時的隨想隨筆：

1. 當局者迷——這常是生命陷落的主因！
2. 「命運」致令的陷落，遠不及自我情緒與習氣的陷落。（如傲慢即是最大的陷落）
3. 有什麼教育能比「生命陷落」的經驗如是深刻？痛徹心肺的刹那，心門竟頓時開放。
4. 以坦然接受與衷心欣賞的心面對生命，即可拓展新局——去腐生肌，重塑生命。反之，人生處處是幻滅。

5. 我們都只是人生過客，許多苦痛來自我們總妄想能成爲世間的主人或種種舞台的主角。

6. 生命的問題要用生命去處理（用人性、良知等），才是根本之道；用大腦去處理生命問題，常常只解決了「表面」。

7. 我們真的可以美學的觀點來看際遇嗎？的確，若非這重重逼來的折騰、煎熬……，生命豈能如是令人震撼、屏息？

8. 「陷落」賦予生命何等深度？那四面無依直墜幽谷的恐懼，終使生命徹徹底底「脫胎換骨」。

9. 「生命只在呼吸間」，這是最真實的。我們切要體察這一點而勿神馳外物！（想想多少生命正在數著呼吸，爭取每分每秒的生命。）

10. 如果，我們一直把生命用在衝突和對抗上，我們不僅無法善待別人，我們更嚴重的傷害著自己。

三、陷落之際：

1. 溫柔而慈悲的體會自己。

2.自我覺醒、自我救贖。

3.「大死一番」，發機起用。

4.無助、無告中，發現不死之愛。

5.無可選擇，達人知命。

6.豁然莞爾，釋盡古今愁，得失寸心知。

四、「英雄」也會陷落：

美國作家海明威，他的人生精彩多姿，他的「老人與海」出版後，聲望達到顛峰，也獲得諾貝爾文學獎。他的人、他的一生、他的作品，都充滿不凡氣概，他似乎可以是「強者」的化身。「老人與海」中那位在海上八十四天的老漁夫，和巨大的馬林魚的搏鬥，展現的驚人意志打動了多少讀者！但是，我們要不要追問：海明威後來的狀況，他在真實生活中有些什麼痛楚？資料顯示他曾受傷，受傷的後遺症一直折磨著他、糾纏著他，直到他舉槍結束了自己的生命。他另有一本小說：「勝利者一無所獲」，也令人不敢忽視；如同老漁夫精疲力竭的終於把馬林魚拖回岸，但只剩一幅巨大白骨（在其他魚群啃食下）……。他要表達什麼？我們能不能質疑：他的生命有「陷落」，且無以擺脫！他呈現的主題是既莊嚴又絕望的——生命有意義存在的堅持，生命也是徒勞枉然。他是一個鬥士，但並未貫徹堅持，他巨人般的思想和行動，最後無助他撐過生命的苦難，我們要怎麼看這一段？

貳、生命高於一切：勿浮光掠影看生命，生命是最豐富的教室。

一、找到自己——認識自己、接受自己、改正自己，才有真正的平靜和快樂。

1. 一個從小受忽視，活在沒有安全感中的孩子，成長是很艱難的。
2. 在終於體悟「價值」是自己給，而非由他人論斷之前，都是一段又一段的黑暗期。
3. 「我不夠好」「不夠出色」「我是不討喜的」……等等陰影，使缺乏信心的生命長期困在一場又一場的魘夢中……。醒不了、揮不去，蠶食著他的靈魂。
4. 直到「找到自己」，找到自己的顏色（自家未必無顏色）和姿態（千芳百豔各有其姿），才有能力一點一點、一塊一塊的重新拼合一個完整的自己。

二、力道來自謙卑，來自體恤。

1. 你的心有多柔軟，你的生命力就有多強。

2.溫柔看待生命，勿陷於可怕的剛愎自視。

3.常思：每一個生命都是這樣的美；原來，我也可以這樣美；通過美的感應，才能由此得到力量。

4.請時時想著任何一個人對我們的好，不要沒感覺，很多遺憾就是在擁有時「無知無覺」。

5.覺察自己的苦，才能理解別人的苦。

6.我的筆記本裡，留有一部影片中的一句話：「有時，人就是看不見眼前的東西」——是的，尤其看不見自己已擁有足夠「受用終身」的東西。

三、生命中的感性，乃無價之寶；它或輕或重地敲動著我們的心。既使在最大的悲劇裡，它也輕柔的在清洗我們的傷痕。

黃春明先生有一首詩：「國峻不回來吃飯」，我們一起再讀一遍：

媽媽知道你不回來吃飯
她就不想燒飯了
她和大同電鍋也都忘了

到底多少米加多少水？
我到今天才知道
媽媽生下來就是為你燒飯的
現在你不回來吃飯
媽媽什麼事都沒了！

這首詩在追念已逝的愛子，他以這般平實平靜的語調在述說，他以這樣的方式在面對「陷落」……，你能說出你的悸動嗎？

感性的心，在「天地終無情」中，緩緩的滋潤著疲憊至極的心！

四、自我療傷之必要：每個生命都需要「療傷」，連大自然都需要療傷以再造生機。人，更須正視自己苦痛之根源，同時在突然掩襲的風暴中，找到「安頓」的所在。

五、寬容的心，何等美好。

很多基督徒在作禮拜時，會頌讚「主的祈禱文」，文中有一句「赦免辜負咱的人」！能寬恕、能赦免、能和解，才不會爲過去所糾纏；你新生、我新生，共同迎接新人生；沒有舊恨，沒有新仇，人生短促寶貴，豈能在沒完沒了的是非恩怨中耗盡？

我們要警惕：是否會不自覺偏執、狹隘，而終至「相持不下」！讓人生簡單明淨吧！

六、無論看什麼、做什麼，就是一個心：

1.天地萬物各有其「本心」「本色」，不消人之評斷美醜優劣，人亦然。

2.人在生老病死的苦外，另外的大苦，就是「分別心」「較量心」——從你嘴中射出來的箭或吐出來的蜜，都是你的心變現出來的。放棄「一爭高下」吧！

3.心，造作出了一切。可懼的是它會偏頗、會蒙蔽，因此，它造作了藩籬、造作了怨怒、造作了嫌棄——腐蝕著我們原有的愛心。

4.爲什麼我們總是陷自己於這樣的境地？「生氣的心」不自覺的陷自己的心靈於萎縮之中，我們同時也陷入了可怕的遲鈍之中，甚至沒有了感應或回應善意的能力。

5.愛你的人，就是見證你是如何真誠的、用心的在活；沒有足夠的理解和情誼才會有不斷的批判和挑剔，嫉怨造成糾結、造成可怕的「載胥及溺」——雙方共同的「陷落」。

參、關於愛——天若有情天亦老 人間正道是滄桑

一、不曾愚昧過的人，等於不曾活過。

在座諸位：你有多少力量控制你的心？當你聽到心兒砰砰作響，你是在抑制它「你聽話點，不要蠢蠢欲動」，「不要給我惹麻煩」；還是順服它的召喚，感應它和你一樣「不由自主」？

我相信：愛情使人「蒼老」（它其實深化我們對生命的思考），因爲，愛情的本質有時等同磨難，「規則」之外尚充滿未知。

關於「真愛」，你有信心保證它的一切嗎？即使有所修爲的人，最後能淡然放下，也是有「恍若隔世」「劫後餘生」之感。水晶先生嘗言：「情是一種自焚、一種辜負、一種傷害。」不知各位有多少認同？不要急著下斷語哦！（以上所言，並未否定它所帶來的甜蜜。）

愛情（或命運）攫住你時，是同樣的「凶險」，生命中的「真情」豈能只是「執著」，執著必然纏縛，失去自由與自主的心，如何不焦慮、迷惘？

以下摘自我的筆記本，那是我讀報端一篇文章後寫的感想：

今日，在報上讀了一篇陳玉慧女士寫的「雨果女兒的傷心旅程」。

我不必濫情，但，內心酸酸的，即使授課的間歇，也似見那遠處孤獨的身影，徘徊在沒有盡頭的尋索中，天色漸晚，霧氣迷漫，她找不到回家的路。

爲了愛，還是爲了生命（她把生命的一切都寄託在此？）她如此孤注一擲地完全不給自己回頭的機會。

我能說：愛的痴狂，緣自愛的盲目、愛的偏執嗎？另有一個不可忽視的原因：她太孤獨了。無告無依的心渴望著相應相求。那之於她，等同於美，因此，與其說她執著於愛，或許亦可謂她堅持著美。美，才能滋潤她的生命，才能點燃她的活力，隨著美而來的感動與悸動，是她活著的象徵。但是，生命的詭譎卻以瀰天蓋地之勢襲來，茫茫天下，哀哀心靈，何有依恃？愛與美全無依憑。

她的執拗，成了凌遲她生命的一把尖利的刀，她時時殷殷追索，時而蜷縮一角，默默的嗜著自己的血……。

這難道不是悲劇的一生。絕望又幽暗的一生，竟是渴求溫慰與理解所致？而在整個艱苦的歷程中，她的才藝、她的美貌、她心思的敏銳、她性情的純真，全然都「束手無策」——她的心在失序失路又失措中萎頓了……。

濃濃大霧中，一切皆虛幻若夢，無所依歸的靈魂，會在那一站中力竭而盡？

二、不得春風花不開，花開又被風吹落。

我想再看蔡琴的例子：在楊德昌過世時，大家再度去找蔡琴和他的八卦，我只注意到蔡琴曾大方的發表一張聲明：「讓他活在我的歌裡吧！」她已無怨，聲明稿中有一句撼動了我，她說：「我感謝主，在他生命結束前，是與他的最愛在一起」，她說：「我感受一次這曾經的愛情，一次比一次平靜、勇敢。」

各位，她是一個愛情的正例。「此情誰能已，無情如流水」，但她正面挺受了。我願向蔡琴致敬。

三、讓我們欣賞純真的心、躍動的生命。

我們再舉一個比較「極端」的例子，以擴展我們對愛的深層探索：現年八十二歲的第一位華人諾貝爾獎得主楊振寧先生，數年前與當時芳齡二十八歲的碩士研究生翁帆在北京訂婚，次年結婚；我注意到當時楊先生形容翁小姐爲「上帝給我的老靈魂，一個重

回青春的歡喜」，我真的動容。

楊振寧先生是這樣形容翁帆——沒有心機又善體人意，

勇敢好奇又輕盈靈巧，

生氣勃勃又可愛俏皮。

我簡直驚訝到愣住——在這幾句簡單的形容中，我真的看到一個靈動、躍動的靈魂，看到命運的身影，讓一個似乎已與愛、青春、浪漫絕緣的老人，用他依然敏銳的心，呼應一個青春躍動的女孩身上那可貴的靈氣；翁帆一定也看到楊先生垂老的身上有一顆未被時間摧殘的心——充滿愛的力量。他們尚有一個共同點——都有相當勇敢的靈魂，能要，能不要。不看眼前，不看未來。就是牽手的此刻，他們彼此的心找到了護依。任何聲望、地位、青春……都不能給的護依。

我一點都不想也不必追問他們現在如何？幸福嗎？過得好不好？這些重要嗎？令人震撼也令人祝福的是：兩個同樣可愛又俏皮的靈魂相遇了，最純真的一切抵禦了最複雜的一切，他們只是彼此發現、勇敢的走向對方，相握的手，相惜的眼，高乎一切之上。

這個故事的重點在：當兩個生命想互相照顧時，誰有評斷的權利呢？

肆、讓我們一起省思、一起勉勵、一起創造豐富的生命之旅。

一、以清醒覺察的心，看自己的問題。

1. 活著，爲愛而活，不是只企求被愛。愛，是自我能量的象徵，被愛與否，常是上帝的工作。
2. 愛人、愛理想、愛人生道上相遇的好人好事好風光。如是活著才靈動有活力。
3. 我們不依賴別人給我們快樂，破除種種內在的依賴，自適自在才有真正的自得。
4. 我們很怕失去，惟恐失落減低了自我的價值；殊不知最該害怕的：是自己何時變得如此「冷硬」？
5. 要多少苦痛才能讓人「蛻變」？有一位作家寫自己手術前的心情：「待決的肉身困於病房，頓覺一無是處。」在生命最貼近孤獨的時刻，我們能有多少「猛醒」？
6. 你知道如何疼惜人嗎？一份疼惜一份生命力，一份生命力一份安然坦然；控制與佔有只是不斷在製造問題。
7. 學會「放棄」，放棄，不是無情、忘情，是對生命（同時對自我）更大的悲憫。

最渴望擁有的，往往最難把握；因緣聚散是不解之謎，拒絕揭開它的誘惑，「安時處順」，接受「無以爲力」的事實。

8.人生當有全力以赴的志業

不只是「責任」（如何爲人子、人夫、人妻、人母……等），心存志業與之並無相悖。生命意義的體認與追尋，是人生動力之一；即使無以「利他」「成物」，但念念存善、爲善，此心自有基點。

9.人間乃是一個「妙喜世界」，打開「妙喜」之門，在「出離心」之培養。

「出離」非放棄，乃是巧妙的距離、優雅的自制；我久已不動瞋怒，情境當前時，我提醒自己的不在洞見對方的弱點，而在專心面對自我生命的缺陷，再思如何調整以拓展自我生命，我的心逐漸「出離」，出離可能陷入的漩渦。

事來則應，事去不留。順應自然的變遷，不強求人知我，但期此心之平靜。感恩自己所有，欣賞生命之美；對無妄之災，有傷感但不耽溺……。人際之間難免紛雜，更幫助我清楚的看到人我生命中的諸多問題，也看到自我一路之履痕，踉蹌、蹣跚，甚至迷途……，更見生命之途陷阱遍布，因此悲憫益切。所有的苦痛在「出離」之後，我心如朗月，觸目皆是一個處處豐饒的「妙喜世界」。

二、微斯人，吾誰與歸！

每思岳陽樓記范希文之表白：「微斯人，吾誰與歸！」但覺范公心境，絲絲入扣。「斯人」不盡爲往聖先賢，「斯人」也可謂我們一路行來相逢或不期而遇的善知識。有心有緣人，都是照我靈府，慰我心魂的貴人。

經典有言：「我久遠來，睡於世間愚癡盲目，忽於今者令我目開。」讀來若昏眩中乍醒……。

也曾讀以下數言，爲之慚愧垂淚不已……。

「我從昔來久失導師……，我常縛在世間牢獄……。」

「勿令我身由此因緣而致斷命

勿令我身由此因緣退轉菩提

勿令我身由此因緣身苦心惱」

人之相遇，期在善緣。互相學習、互相扶持，切莫彼此對立，冷漠相向；讓我們一起互勉互許……，謝謝所有容我知我惜我的所有朋友。

伍、結語：陰霾之上，必有藍天。吾人仰觀俯視，蒼茫中自有磅礴。

我一直很喜歡這幾句：「你有沒有注意過光禿的枯樹獨立於大地，它是多麼美。它在等待著春天。當春天來臨時，它再度以豐盛的綠葉爲大樹譜上歡樂的音符。等到深秋，葉片又被吹走，這就是生命之道。」（人生中不可不想的事。方智）

我們的人生苦樂相尋，悲喜無常，我們的內心充滿恐懼不安……。直到我們正視「生命之道」——生命確實無法穩若磐石，生命確實變滅須臾；但，我們已逐漸能體會品嚐它含蘊無盡的內涵。直切核心就如同我的標題：生命高於一切，高於一切自然也包含它所給予我們的一切試煉。

容生命以它的奧秘帶領我們前進。不看成敗，不問得失；青青芳草，無有盡頭。生命無所不在，讓我們一起馳騁一起漫步，在每一個如此美好的時刻。

最後，我還要再留一句，「倉促的世界使我們與較好的自己分離太久，而且逐漸萎靡……，」是不是這樣呢？有沒有這樣呢？我寫至此，念天地之悠悠，念我之親我之友，真是情難自己……。

當年年五月花香瀰漫時，願諸君記取昔時志意，憶及今日傾談。生命高於一切，深深的祝福在座諸位！

二〇〇八年五月十五日于成功高中

附錄二：與心靈有約

附錄二：與心靈有約

我剛從燠熱的街頭回來，旱象正日益頑強地攫住台北，逐漸乾涸的溪流，使我想起一幀圖片中那位焦躁的母親正用力擠壓著已然乾癟的乳房……。

我觸目驚心：幸福的乳汁是有盡頭的。而當我們酣暢淋漓地吸吮它時，我們真的會以爲那是永久的依靠。

此時，中副主編邀我參與「心靈有約」的專欄。我頓然想起，我已年餘未曾提筆。難道也焦慮：人人可反目，親子可成仇。我也不安：愛拚才能贏，不拚何以立足？我提起筆來，但我不願批判當前社會倫理的解構，人文的式微，不願撻伐人心的沉淪，靈魂的失落……，我俯首深思，感受到心聲的微弱，此時此際，有多少人是快樂自在的？讓生命安詳成長的母懷何在？

昔洪都百鍊生曾爲「國之不國」而哭泣，「人之不人」而流淚，我豈敢以此情懷自視？

那麼，我要寫些什麼呢？

窗外，仍是一個擾擾嚷嚷的世界，抗爭，依舊是諸多活動的主題；摩肩擦踵的人群中，我看到了眾生的「共相」與「共命」，卻也「獨行」與「獨受」；看到人我之間，禍福之中，既深刻又脆弱的情緣，既詭譎又真實的變化；迷惑如漫天的網羅，徬徨若不散的烏雲。眾生相率陷溺在苦悶、莽撞、一觸即發的情緒中。復看到逞強爭霸的表象下，有多少偏執的心靈，或似出柙之獸，爭相奔出，或伺機一隅，奮命一搏；社會各個角落，藏著一個個受傷的「心靈」——當幾十年來歌頌「拚」歌頌「贏」歌頌「唯我是」「唯我行」……，有多少心靈不在兩極之拉扯撕裂中變形變質？

我雖不欲批判不欲撻伐，但我怎能免於內心之憂慮？我將內審諸己，且以幾許心中言，用證自己生於斯、長於斯、心心念念於斯。

一枝梨花春帶雨

幾年前，報端曾報導某女星因未能演出「一枝梨花春帶雨」之情韻而遭換角，沉思之際，略誌所感：

人生若期「境界」若期「風致」，必待閱歷與智慧，更待在歲月淘洗之餘，沉澱一顆剔透晶瑩的心靈，方能走過生活，不染塵埃；走過人生，風華獨標。這邊嘴角尚自端凝，那邊眼梢卻已風情無限。那種「機敏」那種「通達」那種「解意」那種對人世的物換星移幾番承應，悲歡離合幾番順受……，可以瞬間交集——「一枝梨花春帶雨」令人乍見，眼中一亮，心中一動！這等天真滄桑嫵媚又寥落兼具的女子，豈非天地的「大觀」之一。

淚中帶笑，笑中有淚的生活，沒有體驗，沒有會心，怎麼揣摩？人生未經苦難，不曾掙扎，不曾煎熬，怎麼領悟？曾經風雨洗禮的生命，那一股蛻變後的柔韌和灑脫，不是完全靠「演」的，那是人心靈的一部份，生命的一部份。不朽的演員，欲言不言、欲行不行、似笑似泣、似嗔似怨，在在入微、在在令人怦然、令人心折。

可惜，人，於世間萬象，多止於形貌之認識，難識心靈之底蘊。怪乎人間「風月」難演！

止觀

一、逆流而上【武夷山九曲溪乘竹筏有感】

是日，清風徐來，水波不興，九曲溪乘筏順流而下，何等從容自在；未幾，情勢丕變，溪流突轉，乍時滔滔撲面，驚惶莫名……。

此時，你注視著竹筏四方洶湧的激湍，你的心也在翻滾……，此際該當如何？下一步又該如何？幾番驚疑後，你決心逆流而上，你決心以生命爲代價而付出，你決心以智慧和勇氣破浪前進；你沉著的審視四周，避開濁浪中的暗流和巨石，你冷靜的內觀——逆流而上的意志，竟是生命的全部。

確定方向，堅毅向前，幾經艱辛，終到底點時，驀然天清氣朗，依舊是好風麗日當頭，登岸回顧，似有所悟……。

此時，你不再留連順流而下的愜意，你接受逆流而上的考驗：順流而下，常是機遇；逆流而上，操之在己。在操筏突圍、絕處求生的過程中，你已親證生命的奧秘。

原來，生命的意義就在「歷險」「歷難」的過程……。此時，滾滾東去的大江，如同你的心潮。

二、沒事、沒事

武夷山歸來，曾順道廈門，探訪鼓浪嶼。彼時黃昏已逝，細雨霏霏。我站在島上頂處，仰望是「月兒彎彎照九州」，俯看是「千江有水千江月」，但覺「幾家歡樂幾家愁」「幾番煙雨幾番晴」，清明與迷離，繁華與淒清，亙古如斯。

回程中，小吃店裡一時尋不到零錢，主人連聲「沒事、沒事」，計程車司機亦是同腔同調，廈門兩天，「沒事」之聲，不絕於耳，始知福建民眾喜以此句應對。

我因有所感：的確，月有陰晴圓缺，人有悲歡離合，但，本質圓通清淨，體性無有增減：月是月，水是水，世間亦只是生命在流轉……；換言之，時序更迭，萬象從之，惑人的只是繽紛的外境、只是萬物的演化、只是現象的消長，宇宙起源處，一切簡單清

楚。

它，「不爲桀亡，不爲堯存」；豪傑、凡夫，各自歸去。吾人若當機識破：「月兒彎彎照九州」，樂也空，悲也空，千般萬般也是「沒事、沒事」，風煙俱淨時，「一片白茫茫大地無所有」，吾人又何必平地波瀾，攪得翻江倒海呢？

生命的省思

之一：生命的陷阱在驕慢

剛愎與驕慢之心，是自己餵養的，當「自我」不斷放大，生命即逐日陷落。

試看人生每一階段都有可能迷失，功成名就的成年人未必較初出茅蘆的少年更加穩定。當我們不停地爲生命添加各種外衣時，我們的生命力益趨虛弱；再輝煌的記錄也無法維持生命的快樂與平靜；試思：什麼才是安頓生命的永久之基？

直待那日寧靜午後，驀然察覺內心依然澎湃，胸臆的起伏似與天地之心相應，一呼一吸，一吸一呼，我領受著人生無盡的奧秘……。

原來，生命唯一可恃的是：我活著，我的心可以感應一切、含納一切，生命中的豪華或淒涼，成敗與得失竟絲毫無損它的靈敏和柔軟。

之二：只源一點純真

一個人，即使讀破萬卷，但喪失「本真」，堆積再多的知識也不能滋養他的生命；他頂多頂著「博學」的架子，卻逐漸喪失了雋永的情味；並在眼高於頂、目無餘子的「自尊」「自傲」中走向分裂與枯寂。

「大人者，不失其赤子之心」，吾人有成有得時，當思何爲生命的本源？個人生命歷程的波瀾壯闊，何以可大可久？只源一點淳厚、一點純真。

之三：何來遺憾

當你接受自己時，一切，是如此地美滿，生命中的殘缺也饒富意義；但當你塡不滿地向外追求時，那生命中的漏洞也就愈發嚴重，它將逐日滴滴答答、陰暗潮濕地腐蝕著你生命的根基。

只有自己可以修補生命的缺口，那就是接受它的存在，與之安然共存。這不是軟弱，不是消極，吾人仰觀俯察，萬象皆有不全，吾人順天知命，尚復何憾！

無可選擇的人生

適才看了一集影片，報導「信天翁」必須有完全的準備，飛向海洋，牠沒有重來的機會。我由此聯想宇宙萬物各有法則，而吾人一生，是否能有所選擇。

是的，你可以選擇你的朋友、就讀的學校、吃的食物、衣著樣式、住在那裡……；但，這些都可以在生活的程序內，就像在烹飪時你可以選擇糖或鹽一般，屬於可以規畫可以確定的「活動」，非干「選擇」。

只是順服規則，你就可安渡此生嗎？恐怕，你真正認識人生，是要從赫然發現你其實也沒有重來的機會，你是「無從選擇」也「不容選擇」的；除非你能在千迴百折、歷經錘鍊之後，毅然揚棄所有，翻越到另一層境界；否則，你只是待在一個個不同的「牢籠」裡，抱殘守缺的消磨著你的時間。我或許言重，但是，請告訴我：你能重塑你的性格嗎？你能更易你的血脈嗎？你在形貌上能脫胎換骨，你的心靈是否推陳出新？你可以

擁有你最想要的人生嗎？

命運的大手永遠早我們一步。大多數人，是靠順服，才活著的。接受或放棄是順服的法則。惟英雄豪傑不甘順服，他因此而創造奇蹟，他的人生，因此而爲「傳奇」；絕後復蘇，再造乾坤，因此而爲「藝術」。孤注一擲，石破天驚，令人屛息！令人震撼！

無可選擇，非悲觀，非消極，乃在知其無可選擇而安之若素。天命靡常，盡其在我。「樂天知命復奚疑」。你儘管去經歷你的人生，無可選擇，正是奧秘之所在。

楓落吳江冷

——為孤寂的心而寫

恨，從愛而來。有刻骨的愛，就有蝕心的恨。只是，此恨非仇，此恨乃憾，憾是無聲地，偏又執意地，如絲如縷的糾纏；把小小的心房擠壓得滲血，它一滴一滴，如息息殘喘……。怪得黛玉臨終，拚得最後力氣，只喊出：「寶玉，你好——」，這恨聲似是凝聚了一生！

愛的燦麗釀出了恨的悲壯，情的纏綿織出了憾的淒切，這就是人生。你遭遇、你經歷、你承受，且不由於其中浮沉；既不能主宰，也無以抗拒。雖然，在飛揚的春天裡，你曾閱盡繁華；在醉人的南風中，靈魂也化成火焰；火花激盪的暢美令你矢志追日，也甘如銜泥終古的精衛，拚卻一生，獻出愛的祭禮。但在四面秋聲，颯颯然不絕於耳時，你卻只能、只能在輓歌般的夜雨裡，追懷如煙似霧的往事，枕前淚共階前雨，一般的飄

泊，一般的空盪……。

年年欲惜春，春去不容惜。此時此際，吳江楓落、楓落吳江，雲天蒼茫中，惟風聲、雨聲泠泠無絕。

能否尋回失落的原型？既走不回當初，也無法重新開始。藝術的重塑或複製，總少了那第一筆落下的激情。那轟然點燃的心靈，曾創下不朽的作品，但燃盡燈枯時，卻不免有幢幢殘影、掙扎徒勞的哀切……。

生命能否常青，楓葉能否長豔，人生幾多不在歲月中消磨？楓葉亦豈敵西風之催促？曾經翩翩之姿，曾經風華獨標，美景當前時，吾人不免雀躍：幸福是如此真實，生命是如此美好，片片紅葉如內心之渴望，幸福若近在咫尺之可擷；然，不旋踵，水轉寒、楓飄落，竟是春不容惜，秋不容留，輕舟不由自主淩過萬重之山，或驚或疑，悠悠忽忽中，連迴盪在江邊的猿啼也是似近似遠，無從真切的把捉……。

楓落吳江冷。歇一下吧。你仍待繼續上路，踉蹌著、蹣跚著那一顆心，逐楓葉而去、逐江水而去……。

五月雪

午後沒課，決心去尋訪油桐花，桐花素潔，初夏綻放，旋即飄零，俗稱「五月雪」。

曾經錯過欣賞它的季節，曾經踏遍嶺頭，四處無覓它的蹤跡，今日，終於相遇。

它正以團團簇簇的盛放之姿迎我，花瓣潔白無染，枝頭搖曳，神韻獨具；我正驚懾於它出塵拔俗之態，它卻已無聲無息地紛紛凋落，霎時遠遠近近都似舖上了雪花一般，我乍驚還疑：莫非有仙人持棒，在此點化？點化了一個夢幻般的「五月雪」的世界。

我以手掬取，它不是夢幻，它是實有的存在，那荏弱無依的本質，宿命般的短暫生命，形成它獨特的「純一」和「絕美」；但，它何嘗邀你的憐惜，它只是兀自開、兀自落；順命的活在剎那間－在決然飄落的一瞬間，它所引發的唏噓，正是它的「極至」，你爲之屏息——不盡是惋嘆，更有無言的禮讚……。

爲它一無憑藉、一無防護的生命，它，只是活出自己。試看它：在生命結束的那一

刻，及時的達成了任務——爲世間點燃了生生不息的美感，也觸動了人心的渴望與企盼；茲後年年歲歲，五月的花香蔓延時，人們會世世記得來時之路，尋訪美的身姿，感應美的召喚。

徘徊在落花滿徑中的我，不禁相問：

你是在呼喚，還是在告別？
你是在完成，還是在毀滅？
你是一無所有，還是回歸大地？

五月雪無語，我頻頻再問：

美麗之於萎謝
繁華之於落寞
纏綿之於決絕
真實之於虛幻
是否都是連枝？都是同命？

你仍是默默的飄著，即使無風無雨，你仍是一逕的飛舞著。啊，是的，你豈有遺憾？

流星一般的五月雪啊，當光彩劃破天際的一刹，當你離枝飄墜的一瞬，你，已刻進了人心，那美的悸動是生命存在的見證，你我都未負生命。

「爲君結芳實，令君勿嘆息」，五月雪啊，我不爲你哀悼，也不爲你感傷，我正嗅著你所舞出的一縷幽香：

萬物，各有性命；一切，自有結局。莫追索，莫強求，且盡眼前之景、當下之遇！

我行將歸去，請容我最後的一瞥：

一花一界　一塵一劫

不取不著　不即不離

只是一個靈明

心是什麼？靈是什麼？一言以蔽之，心是萬事之根源，靈即是清明的心，是真正的生命。它生出一切、開展一切、也建立一切。簡言之，靈動的心，乃生命的智慧。吾人知道自己的心性，體認自己所追求的是什麼？匆匆一生中，庶乎能無愧自我、無負此生。

與心靈有約，是與心靈對話，願吾人一起來面對生命的問題，觀看人生的歷程。有時，我們會安靜又專注的面對自己，有時，我們當真誠又勇敢的面對共同的困境。我們一起追尋，嘗試爲閉鎖的生命打開新的門窗，讓希望、溫暖進來；我們將一起探索，了知事情之起源，洞察萬物之實相，讓生命堅強、充實起來；吾人當開步走，以開放之心胸、敏銳之情思，走在靈性之開顯中，展現無盡的生命風光。

今日試問：人生諸境，得失成敗，生生死死，反復迴環，吾人能否立穩腳跟，不在其中浮沉？吾人是否體悟：身既無以掌握，心更難以駕馭，吾人隨波而來，逐浪而去，倏忽歲月消逝，撫今追昔，這一路裡有多少「清醒」「覺悟」的時刻？

驅動吾人生命之流的力量何在？外境遷流不居，此心亦胡亂攀援，盲目抓取，忽浮忽沉，如何不身心俱疲？下場如何，自是必然可知了。

恩怨情仇，名利財富，豈容其燎原？否則，燒得焦頭爛額，尚在其次，失落於其中的心靈，何所底乎？

王陽明先生有一句：「只是一個靈明」，真是平地一聲雷。天地之間萬象雖殊，人事雖異，惟其根其源，只是一個靈明。人心不怕昏瞶，人性不怕蒙塵，只待一念清明、一點靈性爲源頭，生命即能於渾沌之中湧出清流滾滾。

我們爲什麼會被困住

你，有過受困的經驗嗎？

也許是前不著村，後不巴店；也許是才下眉頭，又上心頭；也許是提起也不是，放下也不捨；更也許是處處險地，步步爲營，仍不知能否脫困？

除此而外，更大的陷阱，竟來自自我——你，真的認識自己嗎？你懂得接受自己嗎？你認真的聽自己的心聲嗎？你能誠實的面對自己的軟弱、陰暗和無力，或者察覺自己的貪婪和愚痴嗎？內觀之下，原來我之生命，竟充滿了如是洶湧而來的衝突、矛盾、掙扎和煎熬！

我曾見一純情少女在幻想破滅之後的惶惑，她哀哀痛哭，驚嚇於自己的天真和人心的難測。是否我們都要交出昂貴的學費去領受人生的厲害？事實上，我們的確是幾乎手無寸鐵的在面對凶險遍布的人生。

在身陷困境，進退俱難時，你意識到自己是這般害怕、這般猶疑嗎？你多久不曾放任淚水清洗自己的生命？你是否能坦然面對自己的有限，生命的不全？你是否接受寂寞之必然，孤獨乃本質而能自處、自得？

我們爲什麼會被困住？

我們何時才能除下頭上的枷鎖、腳上的鍊？何時能衝決網羅、撤除籓籬、擺脫桎梏？看看自己的心靈，是否守護好它。

試問：一步走錯，步步皆錯，乃至自陷困境，難道不是心靈的失落？愛重成仇，深恩負盡，難道不是人生之蒼涼？沒有迴轉之空間，必然人負我、我負人，空自嗟嘆，空自愧悔，豈非最大的困境。

當找回自己，心靈會再度歌唱：爲生命的超越與拓展！

開顯生命的智慧

我嘗思：人之苦痛、人之困頓，關鍵常在生命的問題，在生命能力的問題，而此一核心，即在智慧。

智慧即爲心智的成長，吾人當涵育開放的心胸，以孕育萬物的母懷看天下生靈，以精進不已的學習力求自我的提昇，智慧即在其中滋長。若捨此他求，不足以拔苦救難；因爲，生命的問題要交由生命（生命的本質）來解決，生命的本質在「心靈」在「智慧」，心智的萌發或展，才能爲生命帶來契機。

即在吾人養慧，反求諸己，即在自家身上、心上檢視：我如何成此模樣？如何到此境地？自我的責任如何？那生命歷程各個階段的變化是否了然於胸？若不能清楚自己的處境，不敢面對自我的真相，必然昏昧懵懂，歷史重演，甚至怨天尤人一生。因此，那跌跌撞撞的歷程，即爲孕育吾人智慧的土壤，吾人因之可謂：

智慧是生命成長所開出來的美麗之花

智慧是生命成長所結出來的成熟之果

再換一個角度看智慧，有智慧的人能肯定自己，更能欣賞別人。曾國藩先生曾云：「四十之前，自負本領甚大，可屈可伸，可行可藏，又每見得人家不是。四十之後，凡事都見得人家亦有幾分是處。」這真是世事洞明、人情練達之後的明澈。吾人愚癡，所以看不清自己；吾人剛愎，所以認不清別人，迷糊顛倒，浪擲一生。

前人「付與天地從茲始」，是多深沉的覺悟，卻又是多曠達的超越，這層層翻轉的心情，就是智慧的境界。

慢慢走，欣賞啊

我曾經讀過一篇文章，報導阿爾卑斯山登山過程之艱險與壯麗，但我印象最深的，是作者提到在山路旁樹立著這樣的標語——慢慢走，欣賞啊！

這簡單明瞭的六個字，卻使我心神一震！

因爲，我總是行色匆匆，幾十年的歲月，彷彿都在追趕，趕上班、趕回家，忙學生、忙孩子，還有那盡不完的義務和責任……。我可曾在橋頭小憩？可曾在和風中閒步？可曾細看沿途風光？一切「太匆匆」！我錯失了多少階段千差萬別的景致，錯失了多少歷程曲曲折折的訊息，也錯失了多少境遇裡那層層幽微的啓示。

是什麼在驅迫我盲目的奔跑？是什麼逼使我以目標爲唯一？是什麼催逼我要看那最後的結果？我究在抗衡什麼、不甘什麼？我遂在不明所以的昏沉和力竭汗喘的疲憊中迷失了。

於是，我一路奔競或跟命運賭氣般的埋首硬拚，我陷自己於盲目的衝撞，在大霧瀰漫的山頭，我曾迷失方向，如同在盤根錯節的人生道上，我偏失了成長方向……，我以爲自己是堅強的，卻是左衝右突的莽夫，卻是有勇無謀的凡夫，我任習性所牽，自投羅網、自縛自囚而深墜苦海……，而這一切，在我終於停步回首的這一刻，我清清楚楚的看到自己一路之千辛萬苦，竟是爲「無明」所淹沒的自我所致啊！

慢慢走，欣賞啊！

細細品味當下之每一思每一念每一步啊！我終有所悟——我若不能面對環境，不能正視自己，一切，必徒託空言；我當在外境與內境之雙重觀照下，實證自我的生命。如是那每一念每一步，以及人生路上每一景每一物，都饒富意義。

慢慢走，欣賞啊！正念正觀將使我的步伐穩健又從容－欣賞當下之心念、當下之風光、當下之相應。

以平常看無常

今天，我想說：一切事情都是這般的自然，它的發生和結束，它的有限和無限，都是生命向前推進的歷程。我們尚未終始參與，自然更無以全程操控。因此，今日我們所看的人生，可能是局部的、暫時的，如是怎能盡悉生命的真貌呢？歷史才能全盤看人生吧！所以，當放下此時此刻的「意難平」「心不甘」——這往往就是我們苦痛煩惱之根源。

因此，換一種「感覺」去面對際遇吧！自視爲理性的探索，怕也釐不清是非成敗之「機」，怕也是「自我設限」。吾人心性皆有不足，不可解之命運之外，尚有多少盲點能爲人所自知？那椎心之隱痛、那難言之屈抑、那不時窺伺一旁、伺機啃囓吾人之種種……，俱往矣！換一種心情吧！有時不必再抽絲剝繭，切切於解脫；有時，就容它在生命中存在，與之安然共存，與之坦然相對。

是的，君不見晝夜交替，一切是這般的平常，雨過天青，亙古如此。即使天崩地裂的大事，依然隨時間的腳步而平息；而吾人猶緊握著「明日黃花」，徒然哀悼其凋落，豈不正是無盡之自苦？再看世間有鳶飛魚躍的美景，亦有落網、失水的窘境，繁華與淒涼都可以是詩是歌，端看吾人以什麼心情吟唱？

幽幽放歌的此際，依然是對生命的感激——以平常看無常，我復何怨何悔？再思：「酒店終要打烊」「舞曲必然結束」，吾人接受事實，順應時勢，才不致拖著腳步，難辨回家的道路。且飲下這杯甘醇的酒，且在此刻盡情暢舞，佳人、佳期、良辰、美景，一切是如此美好，何須憂慮明日的茫茫呢？當下的情深義重、心滿意足，就是今生最好的饋贈；烙在心版上的記憶，是今世不凋的禮物；事過境遷，何待傷懷？只消會心微笑，當年之溫熱猶在心頭。

死生初探

一、生死乃終生不解的大惑

近日，我參加教育部主辦的生命教育研習會，對生命教育之理念與實踐，對其中涵蓋的生死與宗教等議題，稍有接觸。

今夜，暫且放下一切，回顧研習內容，略抒所感。

在此之前，我未曾上過生死學的課程，也未曾深入留心於此，以下探討，容或多爲個人主觀之思考，惟千慮一得，吾人的態度是敬慎的。

惟下筆之時，我頓感千頭萬緒，我首先有「生死茫茫，何可探尋」之惻惻，繼之有「未知生，焉知死」之戚戚，復有「生死皆無始無終」之惘然，在「自知自覺自證」上更感生死兩難……。那生前死後兩段路程何等渺渺，那生死之間的曲折何等幽微！

以下，我從幾個角度以探生死：

生死的問題，古今中外在思想理論上的解答，各有宗教學術不同之立場，但那一種內容是絕對可靠、真實的呈現呢？或差可驗證，或稍可解析，但知識經驗都有瓶頸，沒有一種答案能完全揭開生死的實相，人們窮無始以來的臆測、想像、探索，以及來自自然、天象的等等啓示，我以為也是「庶乎近矣」。大量的神話、神蹟，多半的作用在安慰生者、鼓舞生者，也在警惕生者、恫嚇生者——人心，面對生死，仍是詭譎的、忌諱的，同時也是脆弱的、不安的；縱然宗教史上有言之鑿鑿的論斷，惟吾人依然質疑：死生路斷，何可思議。

因此，吾人轉念：對生死之探討，不是為求打開這兩個世界的通道，而是為了解決這之間的「人生問題」。吾人承認對生前死後之無可盡知，當更加堅定這眼前「堪忍」的世界，才是吾人「一心一意」的所在。吾人眼中之人，心中之事，雖是聚散無常，卻是吾人活著的真實依止，如是，方能把每一個當下活出來，活得真切滿足，這是最簡易但始終屹立的生之真理。

當然，吾人亦不能證明生前死後是「一片白茫茫」，「神識之說」似亦頗有根據，「六

道輪迴」更似有案可稽，在在足資警惕。但吾人若掌握不了生前，死後的追索意義何在？能知「往者」，才能思「來者」，吾人著力所在，應在今生、在此心、在此刻。換言之，我能決定我的生前要做什麼，我即能決定我的死後要留下什麼？我此生於當下之清明，足以延續我之生於死後，即使只是一時的光熱，片刻的馨香，似乎也能化成宇宙大地間永遠的微風，撫慰著世世代代後繼的人心……。我但求此生之作爲，我寧做如是之懷想，不欲遙望死後之輪迴。

所以，我首先要表達的是：生死雖爲終生難解的大惑，但生死探討的價值，在解決今生的問題，在體現當下的生命。

二、盈天地間，都是生命問題、生死問題

對生死的問題，我嘗有無盡的惶惑，也感到無盡的悲哀。我僅知借助「科學」未必可解千古之謎，也切知偏入「情感」亦爲探索問題的障礙，且在手邊缺乏詳實可信的文獻下，不禁深嘆「死生大矣」！

是知生死道上，親證親驗的旅程是人生最艱難的一段，是最深刻的功課。惟吾人恐

年少懵懂，恐老年昏聵，中年亦少清明，以致終吾人一生，生死煩惱如烏雲蔽天，生死的底蘊是幽邃不明；而當我們終於能有一些發現、領略時，大都已「力不從心」—生命脆弱，有時活在當下亦不可得，遑論莊嚴的生、莊嚴的死，往往更不可得。吾人顛簸生死途中，「現實」更大量耗損了我們的生命力，縱有「得道」之時，尚能「宏道」幾許？紅塵滾滾，吾人是否空有悲心。

但吾人一息尚存，生命問題、生死問題即終始相隨。必在生死的大關大節上立得穩、站得住，才能言生命的開展，才能拾級而入生命之終極意義。

人生的終極是什麼？顯然，不止於「死」之問題，更大的困惑（或者爲更大的意義）在死後的問題。死後往那裡去？確有西方淨土？這顯然是吾人信仰上一個最大的方向。惟佛家說明生命源自無始之業報相續，亦借此軀殼而活此一生，但此血肉之軀卻虛幻不實，人生之歷程亦因緣和合，吾人自生至死，莫不爲種種幻相、錯覺所顛倒，往生極樂世界自是人在「堪忍」中的希望，但究竟是否只是「宗教的安慰」？我以爲重要的是：在此時此刻，有淚有笑的當下，一切的修爲，吾人能安頓自己到何境地？

儒家以人生問題來面對死亡，即所謂「未知生，焉知死」？更何況「知生」未必一

定「知死」。強調的是存在的此刻，是否能善盡自我？盡己盡性，求仁得仁，即不負此生而活出價值；所謂「天堂」「淨土」，即在吾人所處之現實人生，吾人若能識良知良能，並擴而充之，或揮灑生命於立德、立功、立言，即是圓滿人生，儒家「內聖外王」的理想即爲箇中顯例。顯然儒家偏重實有存在的價值，人生重心在「生」之一段，如是探討生命，終有未盡整全之感。惟儒家高懸之人生態度：「不懈不怠，不忮不求，不怨不尤」是爲君子，「朝聞道，夕死可矣」是爲聖賢，皆期以有限之生涯，作無限之事業，此爲儒家之正軌，展現了人於宇宙之偉岸，確乎爲吾人所嚮往。

佛家以「無我」看生死，吾人已知此身乃四大和合，此生亦因緣匯聚，但吾人一生猶復爲此極易「散離、分裂」之軀體勞勞不已；此外，吾人尚有大患：對此虛幻之人生有無限迷妄之情，不斷造繭卻又妄求解脫，顛倒終生，未知身在何方？如滾石上山，終必徒勞。解脫不待長程跋涉，一念之洞察可爲乾坤之一捨，撥雲見日，無掛無礙。是知以定慧，以止觀，了知生死真相，生命必處處可絕處逢生，此中奧義，須待參悟體證。

可以確定的是，在生死的探索中，宗教是最重要的一環。宗教有其思想的導引，它能安頓一個人的靈魂，它能提昇生命的層次，它能開顯生命的價值，它能解決生命的脆弱與恐懼；但是，宗教也有迷途，也有扭曲（宗教引發的戰爭何其血腥）；此處，不以宗教的立場看生死，而以哲學、生命的態度爲重心，生死的學習，可助吾人省思，基本上，生死的探索，是爲自己修的，爲今生今世所修的——我如何生、如何死，確實是第一要事。詩人嘗云：「生如春花，死如秋葉」雖詩意盎然，也是如實將生死還諸自然了吧！

是知盈天地間，都是生命問題、生死問題。即使一切尚未逼至眼前，但，人生每一個經歷，都是一番生死，化化生生，生生化化，時刻都在吾前。吾人多一份思考，多一份理解，或多一份悲憫，多一份超脫。

三、生死道上，尋幽探祕

儒家有「命限」之說，教吾人正視生命「好事多磨」「美中不足」之事實。並期吾人集中心力、凝聚力量於「有所爲」上。試思儒家「志於道」，何等清警有力！這也是人生大事：吾人要走的是那一條路？當如何爲自己開路？吾人依憑什麼走在這條路上？人的尊嚴，在人可以決定自己要走的路而非盡由外在環境所支配，亦非一味希冀客觀條件的成全。生命價值要靠吾人自覺去開發去實現，而非企求「貴人」「命運」的賜與。

儒家言「我固有之，非外鑠我也」，佛家云：「眾生皆有佛性」，怎麼認識自家顏色，不致東施效顰；怎麼開展自家生命風光，回歸生命源頭，即人生之正軌。

吾人不必美滿云云，精彩云云，但期生命充實而有光輝，此即奠基於「清清楚楚的生，清清楚楚的死」，知道「我是誰」，知道「我在這裡」，知道「我將歸去」，這生死道上有千迴百折的歷練，有夙興夜寐的精進，有清澈光明的承當，如是之生死錘鍊，必使每一個生命都從有盡之壽數而爲無盡之生命。人人都可以成爲一則探索不盡、引人入勝的傳奇。

人生真是「甚深艱難」，生死亦然。我嘗讀佛教經文：「汝等長夜，馳騁生死」，不免也感酸楚，我若生生世世在劫中輪迴，我之生命，亦不過是「眼前大千皆淚海」中之一滴罷了！

前述學術或宗教都在面對人生的問題，人心的問題；人生有成敗得失、七情六欲，每思眾生在其中掙扎，我心惻然：人生之尊嚴不易——生死大海中何嘗有絕對自主之尊嚴可言？因此，尊嚴乃主觀之認定，非有客觀之屬性。吾人一生所修，即在修吾人生命之尊嚴，「止，吾止也；進，吾進也」，修行亦操之在己，面對人生錯綜複雜之不解之緣，修行之要即在不解中如何「解」。儒家以「自反」「克己」爲重心，佛家則勉以在戒、定、慧上著力，均能逐步而至擔當或解脫。

四、善生即善死

我讀儒家經典，對「六經皆我註腳」，往往有深切的感受；對佛教經典，亦專注於它所傳達的訊息；聖賢垂教，開示的多是生命體的問題，吾人一生履痕，一步一印，莫不在親證親驗生命的奧祕，亦無時不與聖賢之教相應相契。

當我們了知人生毫無恆定不變的體性，自然不求恆定不變的擁有，進而坦然面對一切因緣聚散的生滅歷程，避免情緒之熾然而至萬古無明。

吾人常言：「生是偶然，死是必然」，而人是奔赴死亡的存在，所有歷程中的刻骨銘心最終都將灰飛煙滅，如是「沒來沒去」，這生死中間的一切是爲了什麼？怎樣才是覺醒？如何才是新生？而生死意義，是否也待二者之激盪？生是學習之始，死是否即是「論文」的完成？吾人展現在論文中之功力，是否即交代了吾人一生之價值？我只知：不能渾沌的生，不能迷糊的死；我亦知：生死不強求，生死不比較，吾人性命自有定分。生死不

是飛蛾撲火，生死亦非味同嚼蠟，偶然與必然之間是昇華的生命。因之，吾人可謂：生死之間的了悟，才是吾人俯仰人間的基礎。

偶然與必然，都是一時的姿采，宇宙大地何曾因吾人而有增減？

此外，我亦思：死生之理，不能盡知；輪迴之說，不能盡解，吾人於此寧持緘默，惟哀憫之心難抑。昔莊子曾言：「善我生者，即所以善我死。」吾人可取其「善生」之說；而六道輪迴之定局亦頗可惕，人之造業多由無明，無明乃無始以來之「限度」，試問：業由何始？輪迴何始？思之亦有可哀。衆生一日無明，一日身墮地獄，是否亦爲「無始」之劫難？

生死的問題，是這般撼動人心，因爲，它永遠有無始以來的奧祕。

因此，面對生命從無始以來，即在遷流，面對生死輪迴相續，看不到盡頭的情境，吾人取虔敬之心、緘默之心——吾人見過一個有情能從此中超脫嗎？因緣非「自作」非「他作」，誰也不能操縱，果報非「自力」非「他力」，誰也不能控制。

過去是「無始」，未來也是「無終」，它們是終始遷流。宇宙本是如此，生命亦然。

佛教在此，亦要我們有所承擔，我們的一生既是我們的心念行爲所造成，我們的貪嗔癡，帶來相續的生和死，帶來無止境的業報相續，因此，唯一的救贖，或在透過自我的覺醒、自我的改造、自我的精進，或能擺脫生死輪迴的無盡。

當我們確切的了知生命的來龍去脈，憬然有悟生死之餘，我們真的充滿了哀憫，以哀憫看世間人我際遇，以哀憫面對人生苦痛，如是擴展出去，方能流出慈悲喜捨，而終自困境中脫出，還生命以高度的自由，悲智雙運，飛翔在無限的時空中。

期待感召

剛才，我看了一部記錄片，這部影片是以宗教爲主題，以現實世界爲背景，故事情節雖錯綜複雜，但很清晰的傳達了兩點：一・仇恨相續、戰火不休之下，生命是既卑微又艱苦的。二・當宗教不能解決困境，反倒爲爆發悲劇的引線，生命幾乎沒有出路。尤其片中，是以兒童、青少年爲主角，透過孩子直接陳述的感受，喚醒世人正視宗教的對立所造成的絕境，甚而爲累世的浩劫；也促使世人省思：沒有包容、融合；不能共存、共享的世界，會是什麼情境？有什麼比孩子們的眼中，滿佈著層層的懷疑和憎恨，更令人心痛。

我因之思考有關人生困境的問題。我以爲：宗教提供於吾人的是生命的情操與慈悲，如是，宗教才適成生命的救贖。因此，吾人必須很清楚的走在宗教的道路上，以化解心靈的狹隘或偏激，以拓展生命的內涵和境界；宗教亦是吾人一生的信念與力量，指引吾人走出隧道，光明在望。然而，在這部影片裡濃厚的宗教背景下，卻有令人恍若失足墜入黑洞般的恐懼——戰爭似乎只是悲劇形之於外的部份，人心頑強的封閉與對立，形成更大的絕望。

我爲此伏案，留下此刻觀後的聯想：

＊人們因憂患而求助於宗教，祈福於宗教，爲何又在壁壘分明的信仰中彼此傷害、彼此毀滅。

＊在歷史的長卷中，人們自視使命感而從事的聖戰，有些往往只成了一頁充滿成見、偏執的悲劇。

＊如果，我們僅在宗教儀軌之前謙卑，而未能涵育恢宏若天地的胸懷，信仰的意義和力量何在？

＊仇恨的教育在根本剷除生命的希望，並囚禁心靈於無盡的黑暗。

＊人們或以爲戰爭可有力的解決問題、實則它延續了問題並製造著更多的問題。尤以宗教戰爭最爲慘烈。

＊如果上帝以沉默告訴世人：你們製造的問題，自己去解決。是否可以給予人們啓示：

信仰的內涵在更清楚明白自己的所思所爲。

＊我們真能從悲劇中學得教訓嗎？如果我們憤憤不平，我們將無法超脫既有的思維，悲劇必然循環不已。

＊有什麼比人們假宗教之名而遂行殘暴之實更令人震嚇？如同以和平之名行戰爭之實。顛倒的一切，更使吾人不知今世何世？

＊如果有人的地方，就有「殺戮戰場」，那麼，誰是那揮舞著「爲所欲爲」之利劍的劊子手？

＊人類的戰爭何以不易結束？是否即因吾人始終降伏不了自家那方寸之地？

＊人們要以多少堂而皇之的理由來進行殺戮？宗教陶養的是一個昇華的生命，爲何依然有耽溺在鬥爭中的心靈？

＊這個世界，誰應該受罰？誰可以執法？通常成了勝者敗者之拉鋸戰，已非關宗教。

＊在輾轉省思中，我似乎看到吾人生命中更多的困境；我因之俯首祝禱：願生命的苦難在宗教深層的感召裡終得救贖。

大愛大捨

我嘗思一個「捨」字，涵蓋了人生最深邃的意蘊。

吾人有情，以致爲情而牽掛，爲情而沾著；種種難捨，生出多少苦惱，種種不捨，帶出多少傷悲，吾人禁錮於其中，幾至奄奄欲絕。

吾人當如何洞察捨是必然，捨是新生、再生契機？試以眾生最不捨之親情爲例：天下最放不下者，莫若父母對子女之情，從生至養，一路成長，父母用心之切，用情之深，世間諸情無以倫比；而人子已成，舉翅即難回顧；此時，雙親仍眷眷難捨，乃至望斷雲山，倚閭成石，能喚回多少昔日孺慕，舊時承歡？子女並非無情，亦非無孝，那離枝的生命，即獨立的生命，有他必須接受的人生挑戰，有他必須經歷的人生試煉。

難捨，當捨，這是自然的規律，也是造物的法則。天地有不言之教——捨，是最深刻的至理。

那強留在母幹身上的枝葉不免萎縮，另行延展而去的生命逐漸在陽光中昂然。吾人看子女的成長豈不亦應如此？

難捨，不捨，固然是父母千迴百轉的護子惜子之柔情；惟大愛大捨，更見爲父爲母的剛愎血淚——千般萬般不捨、千般萬般當捨！孩子並非臂彎下永遠的擁有，當正視子女茁壯離去的事實，孩子正躍躍欲試在浩浩天地中另尋它的巢，他也正被期待，以他自己的姿態，成爲宇宙大地中新的一景。

難捨、不捨，吾人必步步艱難；難捨、能捨，默默寄意，無言成全，何等天下父母心啊！

捨，不是失去，不是棄絕；捨，是不求回報，是無私的奉獻，是衷心的祝福，是最深的成全。吾人曾心力交瘁的養子育子，今日，吾人亦當欣幸吾家兒女已可振翅高舉，海闊天空，且容他們各自馳騁、各自翱翔。

只是，爲父爲母，難捨，必捨，如何不百感交集？悵惘難排，也只得悄悄拭去眼角不捨之淚水。

愛，爲生命翻案

一個不認識愛，也不能愛的人，是最痛苦的人，他會把最單純的關係變得複雜，把最晶瑩的東西變得混濁；他可能看來通情達理，惟內心一片幽暗，以致，也許他一生都不快樂，也肆意地剝奪了身邊最親最近的人的快樂。

我不是責備，也不是批判，近日早報的社會版上竟有父虐子、母弒女的慘劇，我切盼與大家一起檢視我們的生命，我們是否有無法跨越的障礙？無法克服的難關？

爲什麼我們沒有辦法愛了？

試思：悲劇的發生有多少背後環環相生的問題？它們常常不是單一偶發的案件，它們是整體社會的縮影之一；肆虐逞兇的心態、偏激失控的行爲，也足見社會風氣之一斑。我們不能不正視人心本然之善的失落，不能不關注一切弱勢的生命在角落裡的哀苦無告。

爲什麼生命活得如是黯淡、如是陷溺？爲什麼愛變得這麼困難、這麼遙遠？

當親情人倫都受到人生陰暗的侵蝕，被剝奪的已經不只是那些荏弱的生命；殘酷的心正如洪水猛獸一般摧毀著這個社會的未來，它是在個人的悲劇之外，一股對社會的無形傷害。

傷害即來自不認識愛，也不能愛的人，來自疲於付出也吝於付出的人；那緊鎖的心門如封閉的孤島，裡外皆是一片陰森荒涼。

美學大師朱光潛先生雖常常娓娓說美，但也曾毫不猶豫的說：「人有一半是魔鬼，一半是仙子。」當心靈扭曲不能自我察覺時，即已逐步而入悲劇的陷阱；曹禺先生在雷雨一劇中，更有這樣令人心驚的描述：「宇宙正像一口殘酷的井，落在裡面，怎麼呼號也難逃脫這黑暗的坑。」這豈非事實的陳述？人生竟有不可逃之絕境，竟然來自最親最近的人！

能愛、去愛，是我們唯一能拯救自己於苦痛之境的機會。愛，比命運更強，愛，能爲生命翻案；「無情荒地有情天」，吾人不信春種的種子，不能在來日秋收！

她，依然是她

三十年的歲月，能改變人多少？

十餘分鐘前，在偶然轉台中，我看到了一幕人物專訪，同爲影壇長青樹的主持人正訪問昔年的長腿姐姐。我定睛看下去，不是爲其歷年不衰的盛名所迷惑，也非爲那一身的優雅出眾所吸引；我的「驚豔」在驀的看到一個生命，在歲月淘洗之後竟有如是清朗的神采。

在她身上，沒有美人遲暮之枯窘

在她身上，沒有風華已逝之侷促

且看她款款出場，儀態萬千，一派雍容高華，已令人一動；再看她娓娓道來，不疾不徐，竟能將複雜的人生，崎嶇的歷程收攝於輕描淡寫中，再令人一動；復見其淡淡數語，把前塵往事付之笑談，平易中之深意，率真中之灑脫，豪爽中之蘊藉，竟是如是自

然，更令人喝采！

試聆這番表白：

談到人生態度，她說：「活得要開心自在，看得開，不計較。」

談到曾是男人的偶像，她說：「我對男人無所求，但看情緣。」

談到人生逆境，她說：「天塌下來把它當被子蓋」「自己把自己解開」。

談到感情，她說：「來了就來了，去了就去了」。

談到時下年輕一輩愛情的起起落落，她說：「這不都是人生過程嗎？」

談到自己站在舞台上的憑藉，她只說：「我以真的面目，真的自己與人相見」。

談到婚姻，她以數語帶過：「知道自己失敗，何必一直要繼續失敗下去」。

僅此數言，不再列舉，其人已呼之欲出。

她未負歲月，這位當年的太陽，至今依然豔光照人，只是，不是炙熱的亮度，而是和煦的溫度，試問：

什麼是美貌？天生的麗質可以永遠保有嗎？後天的保養和美容能夠留住它嗎？我可

以看到歲月在生命中必然的刻痕，但更留意到歲月也孕育了雋永的成熟，若水到渠成，展現了人與自然融合的美與力道，那般渾然天成的在生命中散發著。

這就是她的魅力所在——做自己，也真實的呈現自己。換言之，她永恆的美貌在「心性」。

我若爲她畫像，首先即希望能畫出一種世事歷練後的通達——平靜看千帆過盡的坦然；其次一筆是閱盡繁華而不沾滯的灑落；再一筆是不以隱忍苟全爲賢德，而能承擔生命苦樂的堅韌；這些是她生命的源頭，在無常的變遷中，它們不斷滋潤著也豐富著她的生命。

因此，她的確如主持人所言，是一位「幸福的女人」。

幸福是屬於能給自己機會去追尋和創造的人。

幸福是屬於不負自己，依然是當年本色的人。

幸福是在歲月滄桑中——她，依然是她，且淋漓的活出自己，活成一則傳奇，活成一則見證。

達人知命

在伊麗莎白、庫伯勒、羅斯自傳裡，有一段話甚是醒人：

上帝賜我平靜的心，
接受我不能改變的事情；
上帝賜我以勇氣，
改變我能改變的事情；
上帝賜我以智慧，
明白兩者之間的差距。

平靜、勇氣與智慧，即是達人的素養，能從容沉著、審時度勢而穩健行動，也能觀照、省思，有所爲，有所捨而順天知命。

剛才，我自台北馬偕醫院出來，朋友突然入院，病情已非常棘手，她則勇敢的接受各項治療，期在漫天陰霾中闢出一方天光；數小時裡，我只是陪伴在旁，思索著人生是否能「知命」「順命」而盡其在我？也想到苦難如師，病若棒喝，震醒吾人常在聾聵的心靈，復頓覺人生之可歌可泣，即在時時處處要面對其詭譎難測；吾人如何在此既無恆定又無以自主中活出此生之意義，又如何才能不負此珍貴的生命？

隨後，我走在瑰麗的中山北路上，各式精品店競相以不同的風情撩亂著路人的心神，不同風味的餐廳亦蠱惑著吾人的身軀；吾人流連於此，不意旋踵之間，生命消耗泰半，而此心何曾踏實、何曾自在？春光將逝，黃昏已臨，只落得惶惑交加；而病痛又掩襲而至，吾人之無助、無力，是何等難言的事實。

外在既無以安頓，吾人豈束手無策乎？不，一旦醒覺，即是新境。客觀環境縱有無奈，惟主體生命操之在己——吾人當體察人生的變化，當致力於此時此刻的清醒，在清醒中感應生命曲折起伏中的奧義，吾人會心，當下釋懷。

試思那「居易俟命」的通達，「勝物不傷」的境界；再思那「素位而行」的安然，「物各有主」的坦然；豈放不下恩怨之包袱？看不破貪執之可畏？吾人切盼以念念之自省求生命之明澈，以無盡之感恩品賞人生之風光，並期心靈之靜謐而與命運安然共處。

自此吾人知人生無常而安之若素，或能如常面對自己的處境，並堅定向前奮力披荊開路。此番平靜與勇氣，無他，只因切悟人生際遇難知，種種轉折，交織而成人生；達人知命，尚復何疑？

人間愛晚晴

這是今天最令我心動的一件事，不，一部影片。情節或許不致脫俗，但人間的善意交流，對生命遲暮的尊重以及情愛的深度呈現，使這部影片首尾散發著一股馨香與美感。

它描寫的是老年之愛。他們雙雙都是世俗眼中光華已褪、帶病延年的老人。她，時日無多，惟閱讀、音樂、散步……不失原有的格調；他，曾是人生戰場上戰無不克的勇者，而今則在兒媳孫子去渡假時，被送到這座療養院暫住。也是偶然的邂逅吧，當生命與生命相遇時，當感動與感動相觸時，躍動的音符，流瀉著各自生命的雋永；當繁華落盡時，真淳相見的生命何等令人快慰！他們互相感知、互相吸引，豈止是對生命的依戀？毋寧說是對生命的禮讚。

隨後，他們相尋、相伴，在這一段步履蹣跚的旅程中，他們坦露著彼此的心聲，她知道他的寂寞，他了解她的孤單；他知道她生命中凝煉的溫柔，她了解他生命中蘊藉的

豪氣；他們不是因爲憐憫而靠近，他們有的是更多的理解和疼惜；他們看到對方在承應現實時的俐落堅強，也看到對方在歲月逼迫、筋力日衰時的寂寥無奈……。

年輕歲月的愛情，不乏各種的點綴；惟此時此際，只盼一心相依，「有你真好」，相視一笑，盡在不言。

他仍然戲稱她爲「可憐的女孩」，胸懷內依然愛戀盪漾；她也羞澀如昔，似乎在他思慕的眼神中，看到滿園的玫瑰；此時此際，在垂暮的心靈裡，彼此更能領略人生的晚景，它們仍然美的令人心顫。

「我只想輕擁著妳，坐在爐邊，共飲一杯；我知道，當我的生命中有妳時，我終於可以停步休息，我們將一起去林間散步，一起去聽濤聲……。」他喃喃地傾訴，她喁喁的低語，在歲月的侵蝕下，那生命中的千瘡百孔又如何？他們依然可以彼此奉獻一顆溫煦躍動的心。他，毫不遲疑地走向她，她也迎著他，他們決定一起老去，一起送走人生；當夕照對人間致上最後戀戀的一吻時，那也是一種幸福、一種甜美吧！

慾望的痛楚

吾人若堅持：「情之一字，所以維持世界」，那麼，如何看待生活中舉目皆是的「交易」？

記憶中曾偶然在電視上，見到記者訪問美國商場大亨川普、唐納，他鄭重的宣布：「對我而言，任何事都是交易」，並特別以婚姻為例，他面無表情的說：「我可以幫助她發展事業，給她一切；但是，也可以用即期支票擺脫或解決一切。」他一字一句斬釘截鐵！也一字一句躊躇滿志！

川普先生誠然有他侃侃自信的憑藉，眉目之間也充分流露他點石成金、呼風喚雨的能耐，人們極易被他說服——金錢權勢構成的交易，可以織就瑰麗、繽紛的世界。

於是，人們只看到華屋裡處處嬌豔欲滴的花束，盛宴中穿梭不止的身影；人們熙熙而來，攘攘而去，多爲有利可圖或爲交換而來；川普先生即使可以恣意的購置一切來妝

點他的人生，但爲所欲爲下的心靈仍是無憑無依，心滿意足之後仍有擋不住的疲憊和空虛。

因爲，他的給予，來自「控取」的心，他的世界，也多是「換取」而來；金錢掩蓋了真情，慾望迷失了本心，如是，他何以獲得真誠的回報，他所擁有的，也許只是一個夢幻的王國。

惟此現象，舉世多見，人心逐漸在其中陷溺，一意以爲各式的條件交換，可以塡補內心的空虛，可以滿足生命的需求，我們得到愈多，卻在不覺中失去的更多。

社會充滿了種種引人入彀的陷阱，我們競相奔逐，卻未知已入幻境——誤將沼澤當大地，終至陷落其中，無以脫身。

試問：誘惑當前時，我們如何洞察、如何取捨、如何方能及時回頭轉腦？此時首在「觀心」——認真觀照自己的心？是否察知了什麼？是否照見了什麼？是自己的軟弱還是自己的貪婪？我如何才能面對自己、承擔自己？

人性多無法試煉，惟人心有不可搖撼的價值，物欲襲捲之下，人心猶是一道干城；當覺察此心、省視此心，才是懸崖勒馬，趨吉避凶之契機。若但求物質的豐裕而無視於心靈之荒枯，人生至此一步，真正是「漂蕩奔逸，何所底乎」？

川普大亨，浮世男女，在利與慾中翻滾，雖是社會諸多面相之一，但浮沈於其中，最終感受的，必是「慾望的痛楚」——或頓失其所，或倉皇逃離；惟天下雖大，那裡能讓我們真正的安頓？

諦聽生命的呼喚

「我想念海的濤聲，想念帶著鹹味的空氣……，能生長在島嶼上，我自覺非常幸運，也充滿感激之心。」——來自加勒比海聖露西亞島的諾貝爾桂冠詩人沃克特，在演講會上作如上令人動容的表白。

我想：清楚自己生命的源頭，也清楚自己生命的節拍，方能有持續迸發的創作力吧。我們可以想像海的韻律與無涯，給予桂冠詩人何等深邃的影響。我相信：那即是一種生命的呈現、生命的呼喚。

人們也許以爲已經認識了海，甚至征服了海，但海——逕以自己的面貌和變化活著，當它和緩的拍撫岩岸時，似乎正溫柔的對你絮語；但它自顧自的咆哮翻滾時，卻又似頑強地欲與宇宙決裂；它無時無刻不在以「不即不離」之姿一呼一吸著——你看得見它的脈動，感覺是如此的親近；但也感受到它千古如斯的神秘，又是如此的遙遠；你不禁問：

碧落黃泉之中尙有多少的宇宙，它們彼此孤立著、相互探索著……。

因爲孤獨而欲親近，因爲親近而識孤獨；自此，我們似乎窺探了一些生命的奧秘；在赫然發現自己孑然一身時，我們哀哀執筆，在蕭蕭不絕的風聲、雨聲、濤聲中，我們企圖以自己的靈魂取暖，我們鑿開了生命底層的一息火焰，渴切於這一點亮光能找到生命的彼岸，也寄望這一點光源能映照散列於茫茫滄海中的孤島……。

存在的萬有是否也如是似即似離呢？一切我們以爲是真實的、牢靠的東西，是否只是我們的想像和希冀？我們又是否能從過往生命的體驗中，爲人生作一個自我的詮釋？沃克特也許會說：「我的遼闊和孤立如同海洋。」這位諾貝爾文學獎得主的一生，「成長背景」成了最鮮明的路標，他在其中擷取取之不盡、用之不竭的靈感，他在海浪的呼吸、海洋的氣息中諦聽時光、諦聽生命，也諦聽自己的心魂；這一份諦聽的純然和凝然，締結了他的創作生命。當生命可由這一點靈光中再生、再造時，詩人與海洋已合而爲一，他與它，終究克服了孤獨。

生命至此，進入一個圓融、和諧、欣賞與感激的意境。那真是妙不可言，但卻是你在當下聆聽時即可會心的聲音。它不深奧，它單純如原生的生命。

無價之寶

人，常云「有價」「無價」，的確，算得出來的價值，我們數不勝數；但我嘗思：造化給了生靈最無可比擬的禮物是什麼？

試問：什麼能與吾人一生緊緊相隨？在悠悠歲月，風煙俱淨後，吾人心上何以猶有難以磨滅的痕跡？觸景傷情，回首凝眸，是什麼如同滲入血脈，永遠鮮豔淋漓？前塵往事，思之猶有餘悸，念之猶有餘痛，豈是軟弱？豈是耽溺？

因爲它們已與生命同在，它們無價；無價乃大價，終生切切受用。

無價之寶，一爲生命教訓，一爲成熟的心。

是的，觸動吾人心弦的不只是一個身影，不僅是一時得失；在歲月淘洗中益發清晰的正是人生道上的「生命教訓」─它們教我們睜開了眼，打開了心，原來吾人之顛躓，吾人之受苦，源自吾人自己的蒙昧；原來世事並無絕對的律法，人情並無一定的準則，情理無礙，諸事圓融，有待因緣之匯聚與情境之成全，箇中變遷，難以洞察，吾人但期能盡其心、善其事。同時，物換星移，滄海桑田，此一時，彼一時，昔人已去，諸事易位，何可復尋？何可沾滯？

這即是教訓——生命的足跡正一鞭一痕地教導著我們：恩怨自此放下，順逆兩相不計。當傷口一紮一咬牙，咱就繼續向前就是！

唯有自家邁步，生命再度開展。此時，吾人終得氣定神閒，不再左顧右盼，不再瞻前慮後；儘管天色已沉，吾人已可自燃一盞照明的大燈——吾人終不負那刻骨銘心、大徹大悟的生命教訓。

何爲成熟的心？何以謂之無價？

成熟，即在能坦然面對生命的歷程，坦然接受真實的人生。更念念感激人生之回報——我們從生命中獲得的啓發、我們逐漸開拓的視野、逐漸擴大的心胸、逐漸豐富的涵養……；豈不正是我們行囊中最珍貴的資產？

此時，我們切悟：浩浩天地，春去秋來，萬物代謝，生命是如此生生不息，吾人一生，猶微風流轉，如芳草連綿，各盡自家的性命，各展自家的風光；大千世界，云云眾

生，宇宙的美景無所不在，心智的種子亦無所不在，生命是如此豐盛——一切所謂好的、壞的、美的、醜的、負我的、我負的……，都屬吾人生命中之功課，亦爲吾人生命中之景致；吾人爲之泣，爲之舞，與之相感，與之相應，吾人生命何等豐美！

這自覺的心，這自覺而後成長的心，這成長而向生命開放的心，即是成熟的心。心量放開，人生豈非處處是福報？

是知，生命教訓、成熟的心，正是「無價乃大價」的至寶。

墨瑞的歌唱

近日，我再讀「星期二的最後十四堂課」這一本書，書中墨瑞教授在生命所餘的時光中，親自上陣，留下了他的生命記錄。

全書彌漫著哀傷卻又堅毅的旋律——主角不曾淒厲的向人生宣戰，而是溫和又堅定的對生命作了回應。那幽幽的放歌來自對生命的珍惜，理性的堅持來自對生命的信念，並展現了在深厚的涵養中，生命智慧的清明和力量。

因此，婉轉不已的哀傷隨即轉化成動人心弦的歌唱，在靜默的聆聽中，我們不禁神往——殘餘的琴弦、不同凡響的音符，串成如何的生命奇蹟？我們試聽：墨瑞在飽受病痛的折磨中，依然對學生、對世人娓娓作深情告白：人，即使無法凌駕命運，但絕對可以活出自己期盼的姿態。他為自己選擇的姿態就是「命運禁錮不了我的愛。」

愛，不只是一個字；愛是有生命的；它來自生命，復完成生命。墨瑞在書中以對生

命終始澎湃的愛，以及不斷的實踐和發揚，見證了存在的意義和價值——我來、我投入、我完成。

這就是墨瑞的特色。我們再看他孱弱的身軀內住著的是怎樣的靈魂？我們首先看到他直面人生的態度，豁達與智慧帶給他勇氣與信心，他清楚知道自己想做什麼，能做什麼；他隨時因歡欣即起舞，因哀傷即落淚，他要自己活得誠實和專注，活得真率又熱情；只待一息尚存，他即不斷體現自己對學生的愛、對教育的愛以及對生命的愛。

因此，我們也看到他不辭淚水，以之潤澤自己受傷的靈魂，以之與生命作更深切的交流；他的心一直都是赤熱的，一直都是開放的，期盼與遠遠近近的人分享生命的一切……。他興味淋漓的散發著這樣的光熱——當軀體一天一天的衰弱時，他的精神愈發活躍；他活得這麼盡致。

或許人生真的無法安排，或許生命真的無法自主，誠如書中所說：「你始終都有熱淚，即不曾辜負人生」。是的，我們的安慰，其實是源自我們柔軟的心。

墨瑞的歌唱，那哀傷又堅毅的旋律，正爲我們表達一首深情款款的生命之歌。

生命的探索是無止境的

今晨在收音機裡，有一個節目正訪問一位婦產科醫師，談到「分娩」的幾個過程，但覺生命中巨大的喜悅竟伴隨如許的艱難，而生命的開始與完成的剎那，就蘊藏了「無止境」的奧妙……。

人生似乎就是自此一步一步的展開無盡的探索之旅。

此刻，我思考的是：生命一路成長的歷程，除卻生物生理的需求本能或已知的生命「原理原則」，還有什麼在促成生命並展現生命的至高價值？換言之，我們究能憑藉什麼從懵懂到成熟、從此岸到彼岸？

我們究竟依恃什麼以「脫胎換骨」？

成長的「法則」只是開始，思考與行動的開始，隨之展開的探索，才真正揭開生命的序幕。如求學一般，生命的富麗也是漸次開展的，有入門，再登堂而入室的歷程，而生命的尋索、發現，體悟而至妙不可言，也是一路開發生長的歷程，通過層層提升，生命才有日益開闊的境界。

試思王國維在人間詞話中，引前人的詞以喻「三生三境界」，那「昨夜西風凋碧樹，無言獨上高樓，望盡天涯路」，正似生命的啓蒙，只待問那生命的嘉禾是何時播下的？是何時抽芽的？生命的奧秘豈有絕對清晰準確的答案？但吾人確信：吾人終能一日一日地茁壯，一日一日地清醒——對自我生命有了更真實與殷切的期待。「爲伊消得人憔悴，衣帶漸寬終不悔」，吾人更是點滴在心頭；多少追尋、多少投入，不盡爲一個身影，更是對整個生命的熱愛，對人生美好與理想的嚮往，吾人是不解鏡裡朱顏憔悴，一往無憾。吾人堅信：生命的輝煌源自生命的本身——但期盡心盡力的每一天。再讀那「眾裡尋它千百度，驀然回首，那人卻在燈火闌珊處」，回首吾人千山萬水跋涉而來，聞之真是悲欣滿懷，何待多言。

探索的過程，即是認知與理解的過程；生命的探索無止境，生命的理解亦無止境，因此，吾人受教學習，靈明頓開，心智滋長，即是一段又一段的生命旅程，不斷的探索、認知、理解並實踐，生命即能給我們最大的回饋——眼界胸襟的日益擴大；原來善盡自我，即可頂天立地！

此時看人生，真是「千巖競秀，萬壑爭流」，生命各自俱足，無大無小，無高無低，都是絕佳風景；生命的奧妙，令人俯首禮讚。

談「迷失」

——我何以至此一步

螢幕上，一位頗有社會地位的男人向大家訴說他的「迷失」，他侃侃而談自己的委屈，與之前舉辦記者會聲淚俱下，以「雨後的陽光特別美麗」以喻自己尋到「真愛」，而今卻直承「錯愛」，前後對照下，即使世態多變，人情反覆，這一刹那，仍令人錯愕心驚，但覺浮世裡層出不窮的荒謬，莫此為甚。在此，我不擬針對此事而談，僅就「迷失」一詞，略作探析。

試談此兩句：「一片大霧迷谷口，幾多歸鳥盡迷巢」，是指外境使我們迷失，還是我們根本認不清環境？因此，難識回家的路是否即在裡外不明，既無以自知，復無以知人，更無停下腳步以觀照的智慧，再無生命敬慎與承當的態度；走在漫天蓋地的濃霧中，只有誤打誤撞、委諸運氣了，吾人因之而墜網、因之而鎩羽、因之而奔竄……，這種種苦痛，豈非吾人種種迷惑顛倒？對人對事，看錯做錯，整個生命情境真是一大「迷失」。

這一段莽撞奔突的過程，自己能覺察多少、擔當多少？奮力掙扎，未必能真正的脫身；此時，不是向眾人展示自己的傷口，而是閉關自省：我何以至此一步？當清楚自己的思慮云爲，明白自己的生命歷史，那渾沌迷離中漂浮的自己，才是無法「歸鄉」的根源吧。

所以，哀嘆迷失，歸咎他人，豈是究竟的新生之道？生命體不能洞察自我心靈的問題，不能承擔自我行爲的後果，卻一逕以「遇人不淑」或「不慎迷失」爲遁辭，是不能解決自己的問題的。因爲，生命中沒有自己的立足點，茫茫中我們終究是一段又一段的涉險，一段又一段的迷失。

我們肯定：生命本身是奔放的，但爲所欲爲，不代表自由；任性妄爲，不代表獨立；波譎雲詭中，吾人必須可進可退，不受操縱，不爲壓抑，展現生命的高度自由，豈不在當下念念之清明？

古人亦說：「覺今是而昨非」「實迷途其未遠」，這已不是對人生浮面的認知，而是深層的理解，因此而猛醒、而徹悟，毅然揚棄，追求新生，這之前有痛定思痛的省察，有一步一印的檢視，心路是深刻又誠實的，即使世路茫茫多歧，吾人眼中不免滿溢悔不當初的淚水，也能在淚水的清洗中莊嚴的生。

附錄三：讀經手記

附錄三：於觀法中自知自覺

衆生爲無常所苦，爲五蘊所縛，流轉生死煩惱中，何時能雲開日出？試以中阿含「七善法」爲例證。

世尊告諸比丘，一切行無常，當求捨離，求解脫。世尊舉例：「當不雨時，一切諸樹，百穀藥木皆悉枯槁，摧碎滅盡；諸溝渠川流，皆悉竭盡；諸大江河皆悉竭盡；彼大泉源皆悉竭盡；不得常住，一切行無常。」讀此，可證今日旱象。

經中亦以晝度樹爲喻，指出「葉黃至葉落至葉還生至生網至生如鳥喙至生如鉢至盡敷開」，是生命自知自覺自證自就之歷程，悉皆了知，方得諸漏已盡而解脫。

七法品城喻經中亦喻：「王城不爲外敵破，唯除內自壞」，不啻當頭棒喝！吾人生命不求善法，不求精進，不生慚恥，無覺不觀，是何結局？本經尚曉喻吾人，人生在面對生死煩惱中，是否當有防護的措施？以及如何自我防護？

城喻經說的就是觀照自我，針對自我的重重障礙所下的功夫，是以戒定慧的增上，以慚愧心發勇力，而免生命於重大陷落。

經文中處處顯示生命體的處境，吾人立足世間，由內而外，復由遠而近，一切，莫不當隨順變化，在此變化中涵育洞察之智慧，即不爲「變」所傷，如同穿透凋落而看到枯樹逢春的生機。

自覺自證，自有圓滿。

心解脫

心解脫，短短三字，是核心、是樞紐、是關鍵。

我嘗思：人之七尺之軀，看似昂藏，實最可憐。吾人一生，心靈可神交千載，卻管制不住這最親最近的軀體，且不說生老病死，此身自首至足，莫不時時蠢動，毫無警訊的，隨無常之波動，任生命之漂浮。即令一個小小的因緣生滅，也能折騰著我們五內如焚，束手無策。人生豈不有此大悲——吾人之意志與精神可以完成石破天驚之壯舉，卻在區區皮囊之反叛中一一淪陷，一無所爲，而至奄奄欲絕的陷入逐漸「死亡」的事實。這是凡夫。

我亦思：吾人人生問題，要面對的，要克服的是此身；要開展的，要存養的，是此心；心的提昇克服身的淪陷，心的解脫，掙開身的纏縛。因此，人身，即是戰場，心是決定勝負的主因。人生，是在「以今日之我戰昨日之我」中開展，人不斷地跟自己衝突，不斷步上「天人交戰」的綱索，人敗於自己比敗於外境更頻繁，這是人之可憫處。人之不易有爲，即在需用極大力氣去面對和處理自己的問題。何時憬然有悟，大刀闊斧，內外皆乾坤一捨，出凡塵而去，鴻鵠高舉，活得淋漓盡致。這是豪傑。

凡夫到豪傑有多少曲曲折折之層次？但看「心」的爲用。

心解脫，就是不爲身所役。這短短三字最得力者，在「喜捨」——自自然然地放下。

莫將沼澤當大地

十方法界之苦，在「結」；智乃直探本源，解「結」除「漏」之方。

試讀舍梨子相應品智經第三：「生者何因何緣，爲從何生？以何爲本？」舍梨子只答一個「緣」字。

再問：「生者何因何緣，爲從何生？以何爲本？」舍梨子再答一個「受」字（從受而生，以受爲本）。

再問：「若諸梵行來問，愛者何因何緣，爲從何生？以何爲本？」舍梨子續答：「受者因愛緣愛，從愛而生，以愛爲本。」

再問：「云何爲愛？」答曰：「謂有三覺，樂覺、苦覺、不苦不樂覺，於中樂欲者是謂爲愛。」……。

本經復於下文層層剖析，當具何知見，可於三覺中無樂欲者？舍梨子答曰：「從『無常法是苦』處入手。」再循序而進「所覺所為即皆是苦」，再至「我自於內，背而不向，則諸愛盡，無驚無怖，無疑無惑，行如是守護，如其守護，已不生不善諸漏。」

修行至此，已至「彼結非我有，行如是守護」之境界。

我反覆閱此一段，但覺法界之苦，盡出於此。

如何出脫法界之苦？當知：慧命乃解脫法界之苦的大道。

慚愧心

我輩學佛，志求覺醒。

得聞佛法，的確是殊勝因緣，惟我輩無明，習氣相纏，根深蒂固。平素雖多自惕自勉，但「關」「節」所在，依然不免再度敗陣。

反躬自省，徒增慚愧，檢點平生，懺悔而已。嘗讀經文：「三界久安，猶如火宅，眾苦充滿，甚可怖畏！」真是汗背霑衣啊。

那一念愚痴，即是百千萬劫，生死煩惱中虛度此生，大慚大恥，亦何可補贖！

「諸法因緣生，諸法因緣滅」，宇宙人生之真諦，如是單純明澈，歷萬古而不變，放四海而皆準，而吾人何以尙瞎子摸象，徒增迷妄？不知幡然悔悟，今是昨非，時光飛逝，輕忽蹉跎，真真是志士之大痛！

滄海橫流，吾人亦不可隨波逐流；昏暗的路上，我當自燃一盞光明燈；我當有我想走的道路，也有我該走的道路。

「楊朱有岐路之泣，墨翟有染絲之悲」——我深刻感知生命的脆弱。

生有涯，覺無涯，萬法唯心，什麼才是吾人最緊要的功課？

今日讀「我常向佛前發慚愧心」，即我之心聲，爲之俯首。

掩卷沉思

一、色無常

今日，我想著，雜阿含經中的「無明」，經文中開宗明義的指出：「當觀色無常」。是的，生命在纏縛中而欲解脫，但，急切寄託於外境，盲目求助於外緣，容或暫得解脫，卻不是究竟之道。

想著「正觀」二字，我仔仔細細地看著自己，看著生命的流程，我真切的看到五蘊在交互運作，強力的操縱著我的生命。我的無力與疲憊，並非來自不能掌握的命運，而是緣自我對自我生命欠缺清澈的明察和翻越的能力。如果，我能如實觀照自己、觀照生命，如實體察人生各個階段不同的面貌，我當能平實又輕快的、莊嚴又專注的逐步開展新的人生。

但我卻自陷於五蘊而束手無策！

一切有爲法　如夢幻泡影

如露亦如電　應作如是觀

掩卷時，我想到金剛經上這一首偈言，也想到生命智慧和勇氣的重要。宋儒陸象山先生曾言：「即使不識一字，亦當還我堂堂正正地做人」，生命一旦覺醒，撥雲見日，勇敢承擔，必能繼之以自我超越，頂天立地。

二、正向滅盡

今日讀經，讀到「愛喜色者，即愛喜苦」，不免動容。眾生如何識出無常所導致的境地？

吾人一生在追求幸福和美滿，教育也一直在強調成功、地位、擁有……是人生的目標。我們一路追呀追的、趕呀趕的，就在做「人上人」，可以頤指氣使，可以呼風喚雨，可以爲所欲爲；眾生奔競於此，自視樂而不疲，豈知竟是「大苦」？試看諸事，皆成住壞空，終始循環，何者爲「我」、爲「我所」？再看一己之得失、成敗，其中是否有主宰？

是否為恆定？吾人連自我的五蘊皆不能主宰，又能掌握什麼？

吾人之苦，即在吾人一意追求、一意沾戀、一意黏著；既不知內在的性質，復執著外在的表象，步步踏空，如何不落入無常相續、遷流不定的苦海，四面茫茫，彼岸何處？

阿含經即在此時指點我們：正向滅盡「不顧過去色，不欲未來色」，「色」，是生滅不住的，切勿一而再、再而三地陷在過去的陰影中；不能自癒傷痕的生命，不能謂之「成長」。往者已矣，來者可追，切勿於未來多所欲求，不能認真看待每一個今天，亦不能謂之「存在」。

正向解脫，即在如實知、如實證，捨棄過去、未來的「負荷」，重整生命，凝聚力量，吾人方得邁步向前。

三、生死相續

讀經以來，每有絕處逢生，天地一寬的感受。尤其對生命的演變點滴心頭。

我嘗思：畢業，是下階段的開始；往生，亦為下一個生命的開始。是的，生死相續，一切，都不是「最後的結局」。吾人當如何超越二端，以盱衡的位置，看生死的整體？以及，在虛幻的存在、「非我」的存在、如「動畫」般的人生中，吾人如何活出此生？完成此生？生死流中憑恃什麼以站穩腳跟？

我想著童年逝去之後的少年時光，想到倏忽而至的哀樂中年……，復想起歲歲年年多少因緣生，多少因緣滅，時空在不斷的轉換，生命也有不同的情姿……；翻轉的畫面中，我看到掙扎的痕跡，看到衝創的意志，看到緣盡的無奈，也看到知止的雍容……；在生命生生死死的過程中，它們，都是清晰的履痕，記錄著生命的故事。

一朝無明一朝死，一朝覺醒一朝生。且生且死，方死方生。死生之相續、相聯、相綴而成一生。

昔日，我曾反覆吟讀莊子「知其無可奈何而安之若命」一言，亦不時以儒家「不怨不尤，不忮不求，不懈不怠」自勉；今日，我寧以本懷相見；漫漫人生，在生死無情中，我當專力反觀自我，反求諸己，當下安住，無待無求。

我之生命，我之運命，我接受，我承擔；儘管紅塵滔滔，我柔軟的心，溫熱的手，即爲我挺立生死大海之「洲」之「依」。

昨晚在陽台，抬首一輪明月，想到弘一法師的二句話：

天心月圓

華枝春滿

死生的本身，難道不莊嚴圓滿嗎？

四、陷溺

阿含經中教我們解脫之道，教我們離苦得樂，但是，眾生總有難以跨越的障礙，以致在五蘊中「飄浮」，何所底乎？

試讀經文：「若隨使使者，即隨使死，若隨死者，爲取所縛。」讀之寧不心驚？人，一旦陷溺，沼澤也會誤爲大地，毒酒也會視之甘露，從此爲其趨使，終生執求，至死難悟。試思「飛蛾撲火」一詞，無異爲吾人多少情境之寫照。欠缺省思的生命，毫無抵擋試煉的能力，以致日趨墮落，不斷下陷，欲求所之，面目全非。

生命至此，是一片一片無際的昏暗。

這就是陷溺——爲取所縛，逐漸喪失自我。

在我的教室裡，文教課上，我常與學生互勉：學問的最高目的在管制自我。尤其在管制自家那一顆心，此心失陷，如墜暗室。

收筆之際復思：吾人如何面對外在的、紛至沓來的「捆綁」？如何面對內在的、暗潮洶湧的「動搖」？又如何處理人生不時卡住的「纏結」？若此身真為「大患」，復如何正視形影相隨的挑戰？

當吾人如實靜觀時，並切實的在自己身上用功時，吾人生命即得一寸一寸向上提昇，終不至陷溺無底深淵了。

五、遠離諸相

今日讀《雜阿含54經》，其中數言，頗足醒人。

試讀此數言：「我有年少弟子，知天文族姓，為諸大眾，占相吉凶，言有必有，言無必無，言成必成，言壞必壞……。」

世間豈有「常住百歲」的東西？烈士暮年，美人晚景，又是一番情境。起朱樓、讌賓客、樓塌了，只是指顧問事；今日顧盼自雄，明日落寞以終，是人間常態；如是觀，如是思，非關消極，不是悲觀；而是了知諸相無常，本質虛幻；吾人當以正念正知看人

生起伏，或能知津路，點明燈，活在當下，福慧雙修。其或不然，爲相所牽、所惑，必然是茫茫然、盲盲然，脫不出濃霧的包圍。

甚且那「知天文族姓」和「占相吉凶」的才能亦屬無常；宇宙中，惟風聲、雨聲不息，那文化的火炬或可長傳，但一切物質的東西皆生滅不已。遠近之萬物，任憑如何輝煌，也將是「明日黃花」，而明日的一切，也只是重複的循環：成─住─壞─空。

諸相因緣所生，盛衰只是無常的歷程，榮枯也是插曲，吾人當隨順覺、隨順受，當以「平常心」看人間你我之起落、有無，識出諸相之了無本質與恆定，及時自「相」中抽身，方不致隨「相」起舞，不然，寂靜解脫，終成妄語。

六、無所畏

回家路上，在捷運車站裡見到一則廣告詞：女人無所畏。我聯想到經文中這一句：「不由於他，於正法中得無所畏。」我細細尋思，似有所悟，雖則與前述廣告一詞或含義不同。

試思：吾人何以惴惴不安？只因恐懼「變異」的一切，只因身心軟弱，得過且過，既無以了知諸相實相，亦對自我生命無從著力，託庇於人，終日淒惶。

惟佛學啓示吾人「見法得法」，實修實證，透過自己腳踏實地的努力，經過自己親身實踐的功夫，爲自己披荊斬棘，開路造路。這開發生命的過程是刻骨銘心、淪肌浹髓的，那斷除與捨離以及重整與建構的歷程也是一鞭一痕的；在在紮實的錘鍊生命、創造生命，待得昂然自立，回首前塵，吾人何所疑？何所懼？

此外，面對無常，吾人亦可以無常的角度來處理，當因緣現起，吾人亦可以緣起之法觀照它的變化——緣聚則珍惜之，以求生命之提昇，緣散則順受自然法則，容它隨大江東去。

吾人只待能管制自己的心，只待能自立自強，縱然人間萬事如流水，但，人生豈有遺憾？吾人無所畏，吾人一心向前。

七、出　離

「出離」二字，雖屬尋常，卻內含萬鈞之力，非有修爲者，不克至此。

吾人雖已知「色無常」，亦能於「緣起」「性空」看五蘊；惟習氣已成，心性已染，

以致妄念紛飛，無有寧日，「無所著」「安樂住」，遙遙難期；進一步，退十步，終是徒勞。

人生路上不免顛顛倒倒，修行道上亦不免前功盡棄！這就是看得既不深切，行得亦不真切之故。試問：何以無法出離五蘊幻境？五蘊交互運作，來如影、去無蹤，有時如春夢無痕，有時似秋雲無覓，卻平地起波瀾，攪得人如翻江倒海，追逐幻影如追身影，直至力竭汗湍，殆欲斃焉。虛擲多少精力，荒廢多少時光，一旦夢醒，甚且不知醒是真抑夢是真？依舊是迷迷惘惘自言自語：夢如人生，人生如夢。

吾人所憑藉之色身亦如夢似幻——此刻之真實，是明日之虛幻，今日之青春，是明日之遲暮，現實與夢境，俱如鏡花水月，了無實體可言；夢境是心靈的投射，生命乃四大的和合，人生爲五蘊之關聯，交疊成變幻萬千之舞台。落幕時不禁自問：什麼是夢醒時分能切切把握的？

俱往矣！諸相逼取便逝，人生一切亦復如是。

如是，由不得你捨離與否！即令難捨難離，世事亦如鏡中象、夢中事，豈由得吾人半絲半毫。

切知：出離當下時空裡的因緣，轉化成不斷新生的能量，始能創造色身之外的慧命——綻放思想、心靈的絕采。

八、吾人道路何在？

每讀經文，都有前路逐漸清晰的感受。但覺生命無知和渾沌的狀態即如暗夜，隧道盡頭的光明何在？

是的，吾人必須修智慧，捨無明，才能排除濃霧，不致迷途；換言之，必待本身學養器識有成，才能以自身爲依止，陸續爲自己點燈，照亮迢迢前路。

那無明的暗夜長巷有多深？那漆黑的隧道有多長？吾人若在其中盲目奔路，必然空自愛、取，妄自貪執，或左衝右突，或進退不得，傷痕累累，自是無可避之。

學佛，就在了解自己的處境，就在調節自己的身心，並在茫茫十字路口，確定自己的方向。

經文中如實指出生命的實相，教我們也如實面對自己的問題：我之苦痛與不足爲何？我因何至此地步？在連串因緣籠罩下，我是否能清明思辨？如何才能不落情識的坑洞？如何才能專注於當下之學習而脫出習性之牽制？在在是我讀經以來反省的重點。

經文往往給了我一個很好的起頭，書中的「解脫之道」指引了我前進的方向，也帶領我循序漸進，更加看清自己前行的道路。

此外，我如何收攝自己？又如何開展自己？以及如何保持當下之清醒？如何理性的看待生命的變化？都是阿含經給我的終生的功課。

我正走在這條路上，以對生命無盡的感恩，走在生命的大道上。

九、苦

雜阿含經談解脫，教我們正觀諸行無常，教我們捨離無明，離苦得樂。試問：什麼是苦？

窮，苦嗎？身份卑下，苦嗎？慧命的增長將跨越人世的障礙，出則自尊自重，入則自得自在，胸懷是無盡的灑落與遼闊。

驅使、攀援，苦嗎？染著、昏昧，苦嗎？若無知無覺，怕亦不以爲苦，眾生雖多有此負荷，卻猶沾沾自得。

那麼，什麼是苦？我以爲：無望是苦，看不到無望更苦；無從著力是苦；著力亦無濟更苦；生活裡，失去或可復得，人力亦有再造之契機，但，活在自欺自誑中最苦，始終不肯正視真相、接受真相、將是永無休止的自我摧殘；不停的爲自己編織夢境，不停的爲自己製造捆綁，再一步一步地陷入，自投羅網猶未知，以致萬劫不復，這真是無以名之的大苦。

無明所至之大苦——如靈魂被禁錮在黑暗的深井中。該捨時不捨，該走時不走，是自取羞辱、自取纏縛，窒息般的絕望，何等之苦！

十、合手擊

試讀《雜阿含273經》這二句：「諸行如幻如炎，刹那時頃盡朽，不實來實去。」豈不如聞兩掌之相擊，清脆在耳，已聲去影去。

我於此章的領會是再度見到世間諸法的虛幻。「眼色生眼識，三事和合觸之緣起」若海市蜃樓。在此一時空中令人眼花撩亂之象，彼一時空已煙消雲散；在此際令人捶胸頓足之事，在他際已雲淡風輕；而眼下的衣香鬢影、笑語呢喃，他日已人去樓空、空餘惆悵。只是，吾人何以猶固執的、熱切的想找出一個自我，找出一個我所？

尋尋覓覓，踏破鐵鞋，找到了什麼？

剎那已成回憶
絢爛已成雲煙

那麼，什麼才能實有？以不實的、不定的自我能追求到永恆的實有嗎？兩手和合相對作聲，亦無異空谷傳響，泠泠在耳，已不復追索。

有緣千里來相會，是「合手擊」那八千里路雲和月，亦無非「合手擊」；英雄、豪傑、凡夫、俗子，雖有不同的人生歷程，不同的因緣際會，乃至悲、歡、離、合，亦無非「合手擊」。

鏗鏘之後，戛然而止，消失於萬古長空。唯可動容者，竟有那一擊之下，擊出了悠悠餘韻……。

「合手擊」，擊出了人生的一切。

十一、斷除衆結

頃讀《雜阿含275經》，有以下數言，謹記於心：

係念明相　覺諸覺起
正念而住　不令散亂

長期以來，我總是提醒自己：欣賞人間的美善，或以正面思考事情，更不期然而然的向著人間的光明，同時懷抱著對人性的信心。每天，我以微笑招呼我的孩子，欣然迎接我的學生；每天，我懷著感恩的心情看自我生命的歷程；每天，我要求自己以悲憫看生命的殘缺，更期許自己每天說好話，做好事；凡此，不爲積德，不爲求福，只爲喜歡善言善行。

人至中年，幾多不經滄桑？但是，豪華落盡見真淳，我仍是一瓣素心，嚮往著人間的至情。我亦期望自己能時時自我觀照，清楚感受「覺知」，能以清明的理智處理複雜的世事，亦不時反省，勿隨外境而舞，勿爲妄念所牽，當察知內在的波動，心向之變化，而能在變化中「正念而住，不令散亂」。此亦不爲積德，不爲求福，我喜歡清醒中的生命，喜歡清醒中呈現的寬容與安祥，喜歡它的優雅和自在。

《雜阿含276經》中有「以智慧利刀，斷截一切結縛」之語，尤爲警切！

結縛的心，即散亂的心，散亂的心，即黑暗的心；吾人若不能照顧好自己的心，卻

一意想征服別人，那會是什麼結局？

十二、解行並進

隨著時間的累進，我讀雜阿含經，逐漸有更深一層的體觸。經典是寶藏，供我無窮的發掘；在透過親身的體驗，印證經典的要義後，我更有不言的親切。

阿含經是生命的學問，它逐步開展眾生生命的內涵和格局。我時而覺得自己內心淨空，時而感覺一片飽滿；阿含經正徐徐的滋養著我。惟我亦深知：理解並不等同實踐，力道尤在後者。我更知道：在生命每一個關卡前，在困境當頭的時際，我所憑藉的，不盡爲道理上的認知，而是實際上的作爲如何？

在面對生命的問題時，《雜阿含293經》即能給吾人很多的啓發，試看以下經文：「我已度疑，離於猶豫，拔邪見刺，不復退轉，心無所著故，何處有我。」句句是人生的場景。

須知這般美好的體悟，是來自何等艱難的歷程，沒有過程裡曲曲折折的考驗，沒有一路行來的智慧的增長，如何能自我覺知、自我克制進而自我提昇？沒有一步一印的修證，如何得箇中三昧，並得離塵遠垢，呈現生命的本地風光？

「拔邪見刺」，是何等智慧胸襟！「不復退轉」，是何等真實功夫！自此靈府一片清朗，內心是多麼的坦然。

收筆之際，猶想再補充幾句：「理」字上的了解，不能謂之開悟，必待能降伏自己的欲，管制自己的心，才是真正悟解。不然，心——那莫之其向的心，因迷亂而導致黑暗的心，將再度使我們陷入同樣的陷阱，受同樣的傷，吃同樣的苦。

換言之，必須親自體驗那恐懼、那無助、那焦灼、那愚昧的人生過程，才知道自己的心爲了什麼而傷？爲了什麼而苦？原來，是自己的問題啊！

十三、存 在

雜阿含經中教吾人「不求前際」「不求後際」，指的是不住於過去，亦不住於未來。提醒吾人現在正是解決問題的契機，自己才是問題的核心，吾人當於根本處著手。

在整個生命相續的過程中，五蘊和合的離合悲歡，在時空的轉移中，已沒有深刻的意義。有生之涯中，更重要的是你「一路行來的腳跡」，你「埋下的種子」，才是生命的見證。

萬事萬物如行雲流水，無相無住。試問：在同樣流轉不定的生命中，吾人是否「存在」？

佛學提示我們以「緣起」看存在，看存在的演變，看存在的歷程。

自然，我們看到的是緣生之後的流動。如是，存在是當下的、是特定的，同時也是心靈的、記憶的。這是「存在」的焦點。

春花會凋謝，蠟炬會成灰，存在也常常是電光石火。

所以，吾人何須斤斤於存在與否。識得「無常」與「緣起」，即無存在的問題，亦不執著於存在。

「今夕何夕，見此良人」是存在，存在於心中。萬法皆空，存在常是一時的繽紛。它，是「此有故彼有，此起故彼起」，因緣所至的存在，正點綴著大千世界。

我寫，筆尖濡著心血。此刻，我存在。宇宙都在我心中。

十四、隨筆（一）

曾經讀過一本書，作者是一位泰國的高僧——因陀羅邦育法師所寫的一本書：給人類的一本手冊。

我讀之再三，深受啓發。

書中有一個譬喻令人印象深刻：有一個人走到捕魚之處，從捕魚的網內抓出一條蛇來，但他卻以爲是魚，甚至別人告訴他那是「蛇」，他也不信，他把蛇當魚看待。

這個譬喻是說：那條蛇好比人的欲望，在最初的階段，他把蛇當魚看待，意即人把自己的欲望，當成一樣値得追求或獲得的事物，一旦發現欲望是有害的，根本不値得追求的，才頓時醒悟到欲望原來也跟毒蛇一般，會毀滅自己。

這淺顯又真切的譬喻，說明了我們對欲望的輕忽，我們放縱自己的意念或行爲，任由欲望操縱著我們的身心，以致欲望的累積，將強大到難以消除，我們會以爲沒有欲望的人生是黑白的，更說服自己欲望的滿足可以增添生命的姿采，這樣日復一日的，我們麻醉著自己，直到，我們有一天爲它吞噬。

隨筆（二）

佛學是一門清理自己的學問，在生長的過程中，我們的身心，不知不覺的累積了太

多與生命無關的東西，背負著它們，使我們步履蹣跚，心緒沉重，因此，我們需要有能力爲生命「去蕪存菁」。

在佛學的洗禮中，我們誠實的檢視自己，竟然看到了生命種種的變形和變質：我們是誰？如何變成這般模樣？如何走到這步田地？這一切又是如何造成的？……佛學的接觸，使我們認真正視這些生命的問題。

學佛，就是在漫天風塵，撲朔離中，走出一條清清楚楚的道路。

十五、安　忍

今天，讀的是《雜阿含540經》：「我身已遭此苦痛，且當安忍，正念正知」再讀「心住何所，而能安忍」？

人嘗說：「苦難如師」，以佛學而言，苦是本質、是原型。人生有八苦——生苦、老苦、病苦、死苦、恩愛別離苦、怨憎會苦、所求不得苦、五受陰苦，終生相隨。箇中生、老、病、死，屬生命現象，而恩愛別離、怨憎會、所求不得，爲生活現象。總之，人，身上有身上的苦，心上有心上的苦，這世間人類之苦，是自生至死不離的。

經文中亦言：「凡夫身觸生諸受，增諸苦痛，乃至奪命，愁憂稱怨，啼哭號呼，心生犯亂……，云何繫？謂為貪、恚、癡所繫，為生、老、病、死、憂、悲、惱、苦所繫。」是知，真正的苦，大多源自生命本身的染著，以致人不知如何面對苦，也無力處理苦，因之而憂懼、而逃避。結果是苦海無邊。

當我們認知了萬法無常，認知「我」之本質，於苦，即多了一份坦然與豁達。此時，不再哀鳴，不再怨憎，心念更能專注於受苦的當下，尋思苦之來源，復思苦之意義，至此，我們對生命的態度更增一份清明和勇氣。

此時，「身諸苦痛，漸得休息」「捨離重擔，離諸有結」——這就是安忍的功夫和效能。住忍、安忍，沉著應變、從容以對、待時而動、蓄勢而為，我們的生命充滿了新生的契機和氣象。

十六、萬象本是如此

接觸佛學以來，我得到一個最大的力量，就是不斷的調伏自己。

佛經中字字句句，都在提醒我反觀自照，再透過自己的體驗，看到煩惱痛苦的根源。

人迷失自我，爲外境所惑、所溺，不知一切非我，萬法無我，盲目失心的隨境流轉，以致「空」自迷「空」自苦！

唯人是有救的，因眾生有佛性，有自覺之性，有身爲萬物之靈所特有之靈性——從一念清明開始，人，逐漸可以鍛鍊自救的能力，從而以對宇宙人生，萬事萬物的觀照裡涵養的智慧，再以智慧孕育的慈悲，洞察一切的真相，理解生命的侷限——一切本是如此，萬象本是如此。是的，四季更迭、晝夜交替、緣起緣滅、此伏彼起、花開花謝、死死生生，自然本是如此。只因我們懵懂迷糊，或自我放縱；習氣太重，妄執太多，迷失了本心，萎縮了性靈，我們才像迷航的小舟，在險惡的大海中吃盡辛苦……。

十七、心魔

「魔，是一種障礙、一種破壞、一種擾亂」，信哉斯言。心魔，就是煩惱；煩惱，因爲無明；無明，因爲習性；習性，導致沉淪。

心魔的猖狂，使靈府不再清澈，如爲雪白頭的青山，因風皺面的綠水，不再是清新碧綠的面貌。魔之所至，但見扭曲的心態，猙獰的外貌，趨使生命正走向絕境。

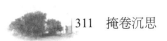

此時要問：什麼是心魔的溫床？是臆、必、固、我的糾纏？是貪、嗔、痴、愛的桎梏？是的，這一切造因於自己——源於我們漂浮的意念，源於我們停滯的心智，更源於我們僵化的靈魂。

原來，我們所面臨的最大障礙、最大破壞和最大的擾亂，竟是自我的無知和無明！原來，不是環境限制了我們，而是自己困住了自己。

想想那因失落或幻滅而痛不欲生的自己，想想自己曾何等混亂，左衝右突無法突圍；這一切，豈盡是外境的強勢？原是心之魔——我爲五蘊、六根所蔽的心魔作祟啊！

天不絕人人自絕！天不困人人自困！

內審諸己，真妄畢見。願吾人自知自證自性圓足，那塵盡光生的心靈，何等風光。

十八、改善自我

學佛有二項目標，同時也是福報，那就是：

徹底認清自己

如實面對人生

佛學，在幫助我們處理人生的問題。

我們若不能自我警覺，只是日復一日、年復一年的在習氣中輪迴，我們的人生必將侷限在某一個角落，我們的心也被限制在某一種層次，不得伸展，不得開拓，同時，我們所能看到的生命景象也就被固定在一處。

被「定型」的我們，既無宏觀的視野，也無微觀的細緻，擁有的，只是粗糙的人生，簡陋的心靈、昏夢般的生活，如揮之不去的噩夢，緊緊相纏。

直到佛學喚醒了我們的心靈，智慧開啓悲心，悲心融鑄智慧，我們開始深思生命的意義，以及在如是倏忽又無常的人生中，我們能做什麼？我們想做什麼？而付出與奉獻的基礎，就在「澈底認清自己」「如實面對人生」之後，我們才有能力自我改善，自我克服，進而自我超越。此時，我們更能從狹隘的一角脫身，探出頭來，看到人外、天外，這無垠的宇宙和生命，是如此剛健不息、如此圓滿無憾。

世界大小在心，遺憾與否在心。心的改善，同時也改善了我們的世界。

因此，學佛最大的意義，也是個人最重要的事，就在認識自己、改善自己、超越自己。佛學給了生命開發的機會，給了生命創造的機會，也給了生命休養的機會。

原來，本地自有風光，還我本來面目，加以悲智雙修，生命竟是如此美好。

十九、坦然面對一切

梁任公先生曾云：「天下豈有圓滿之宇宙」，這是肺腑之言。佛學即是提醒我們當正視生命的「不足」而開展整全的慧命。

所以，人生價值的認定，不在外境的功利成就，而視內在生命的完成與否。如果，一個人只是陶醉於眼前的成功，自得於一時的斬獲；如果，一個人只是自足於他胸前的勳章，自滿於他耀眼的成果，我想，他背後的殘缺或更嚴重。勳章所打點的世界只是場面上的，人在真實的生活裡，需要日常踏實的安頓；世間諸多必須強調的圓滿，都常只是費盡心思的妝點。

我的重點是：一個人，若不能以平實、坦然的態度看待自己的過去，那才是真正的「殘缺」，一個舊傷未癒的人，是沒有舉步向前的能力的。

生命最大的重荷，莫過於背負著過去的陰影；那無所不在，無處可逃的陰影，是對生機最大的戕害。

此時，我們迫切需要了解的是：人生的圓滿與否，歷史的內容如何，不盡是自家全然的責任；而我們的明天，卻繫於今日的我們，是以什麼心態、什麼步伐走向未來？以及，我們究竟從過往歷史中是否能擷取什麼？提煉什麼？

《雜阿含302經》中有此一段：「苦，非自作、非他作、無因作」，值得深思。人間的苦皆爲「無記」——你如何能盡知一切眾緣匯聚的複雜過程？

坦然面對一切吧，以智慧，以悲心。

二十、人的尊貴

古人說：「學佛乃大丈夫事，非帝王將相所能爲」，如今，我有更深刻的體會了。

學佛是徹徹底底的「脫胎換骨」，經由層層的剝除，我們逐漸有能力探觸問題的核心，生命的本源，乃至宇宙的真理；在有所悟、有所立、有所定之餘，我們亦逐漸可以以簡馭繁、以常應變的面對生活，進而脫卸身心之重擔，盡其在我以修福慧。

讀經以來，我更能平實的面對自己尚爲凡夫的情況，結所縛處，也依然受它苦苦相逼；但我已能省察，也有出離的覺醒，更有精進的決心。

我常思：人生的境界無止境，學習亦無止境，吾人一步一步的探索，能盡悉宇宙人間的全貌嗎？人有重重內外境的侷限，恐怕上下求索所知亦只是九牛之一毛吧。但，我堅信：吾人持志不懈，即在見證人生的意義和生命的尊貴——君不見多少豪傑是以一生的經歷在參究生命的奧義。這「實修實證」的過程，有無可比擬的價值。

學佛，是「如人飲水、冷暖自知」的，走過滾滾紅塵，通過種種關卡，吾人身心依然一新，這就是人之爲人至高的尊貴。

後記

用心看人生際遇，苦樂悲歡都是珍貴的記憶，掙扎衝創也有美麗的印痕；何幸能在熱血熱淚交錯的剎那，捕捉了一些瞬間：台北與芝加哥、漁人碼頭與密西根湖畔、絢爛與孤寂、滿足與陷落……，那瞬間的一笑、瞬間的哽咽……，一一譜寫了生命；或許它們尚不足實證此生的意義，但確實呈現了生命的豐美；當綠葉轉紅、物是人非、萬事俱往之際，生命氣息在，風華即永不消歇；美，永遠被發現，也被頌贊。

在校訂結束的此刻，我再俯首以謝：天地萬物、不可解的命運、不可思議的因緣……。

生命何待探討？自家一念一行，凜然有覺。

人生何待追索？步步如人飲水，默爾忘言。

曾經步履紛亂，今日止步歇息，回首前瞻，兩皆幽邃；惟當下小坐橋頭，俯仰天地靜穆，我心亦漸漸澄澈，拾級登山巔，披襟當風，游目四顧……，催我兩行熱淚者不再是陰晴圓缺，動我心魂者乃是於蒼天大地之敬重以及那一點生命意志。

一點生命意志滋養了本心、初衷，護持了行行復行行的決心與實踐，也開啓了自家生命、照亮了自家前路；原來，長路曲折，尋得是自己，證得是性命，是終識自家面貌：可爲不可爲，可平心以對；有痕或無痕，可微笑以應；尋索的自我，但見一心。

此心爲舵，繼續前行，不拒命運相伴、因緣相隨；茫茫海上，迷霧當前，有了然的悲懷，也依然是惘然不知所止……。

這樣的經歷和體驗，應該就是「活著」的意義吧。生命的希望、寄託都在此——我究竟想活出一個什麼樣呢？我究竟能完成什麼呢？

就是破浪、就是蛻化、就是更新，終有預料不及的驚喜和美麗的創造吧。

即令失落、也有隻影目送歸雁的淒迷和祝福。

這似真似幻、似實似虛的人生際遇啊，都是風景、都是滋味；瞬間的交會、瞬間的消逝；如詩如歌、如夢如醉。何妨何妨、人生或不必只慨然承當，千般萬般，皆可柔軟領受；茁壯我們前進的腳力……，回眸之際，驀見無常世事，也都是那萬紫千紅。

美，依然是我們堅持的姿態，沒有形式，它以不同的內容靈動的向生命作最高的表

示。

謹以真切之心、不捨之情向眾生：

人生路上，交臂此際，相視一笑，相忘江湖。

再謝發現此書、珍惜此書的有緣人：

相感相應，天涯比鄰，幽情幽思，會心不遠。

人生夢中有夢，覺中有覺；生命有情的迷離之境，也有智的清醒之時；這本書是有限的，但盼靈犀一點，能開展無限的世界。